# Lodro Rinzler

# El Buda
# entra en un bar

## Una guía de la vida
## para una nueva generación

Traducción del inglés al castellano
de Miguel Portillo

editorial Kairós

**Título original:** THE BUDDHA WALKS INTO A BAR...

© 2012 by Paul Rinzler
Shambhala Publications, Inc.
Horticultural Hall
300 Massachusetts Avenue
Boston, Massachusetts 02115
www.shambhala.com

© de la edición en castellano:
2013 by Editorial Kairós, S.A.
Numancia 117-121, 08029 Barcelona, España
www.editorialkairos.com

© de la traducción del inglés al castellano: Miguel Portillo

**Fotocomposición:** Grafime. Mallorca, 1. 08014 Barcelona
**Diseño cubierta:** Katrien van Steen
**Corrección**: Alicia Conde
**Impresión y encuadernación:** Romanyà-Valls. Verdaguer, 1. 08786 Capellades

**Primera edición:** Febrero 2013
**ISBN:** 978-84-9988-231-4
**Depósito legal:** B 33.721-2012

---

*Para mi Sakyong*

# Sumario

# Agradecimientos

Gracias. De verdad. El que leas este libro significa mucho para mí. Gracias a mis padres, Beth y Carl Rinzler, que son maravillosos y a los que debo más de lo que puedo decir, y mucho más de lo que puedo decir en la página de los agradecimientos de un libro. A Victoria Gerstman, mi señora, que tanto me ha animado a lo largo de este proceso y que tuvo fe en mí cuando llegué a creer que no podría llevar a cabo este proyecto. Es una verdadera maravilla. La quiero y estoy encantado de que haya accedido a ser mi esposa. También quiero darle las gracias a mi hermana, Jane Buckingham, y a mi hermano, Michael Rinzler, que siempre me ofrecieron ánimos y amor.

He sido bendecido con muchos amigos que me han proporcionado inspiración y apoyo con este libro (o que al menos aparecieron con una cerveza para animarme a continuar): David Delcourt, Brett Eggleston, Oliver Tassinari, Ethan Nichtern, Will Conkling, Josh Silberstein, Laura Sinkman, Maron Greenleaf, Alex Okrent, David Perrin, Jeff Grow, Ericka Phillips, Marina Klimasiewfski y los UsGuys. Hay otros muchos amigos a los que debería nombrar, así que, si te preguntas por qué no apareces en esta lista, has de saber que te tengo en mi corazón y que te estoy muy agradecido.

He contado con dos compañeros que no han dejado de mirar por encima de mi hombro –literalmente– mientras escribía este libro en mi sofá de Brooklyn. Son *Tillie* y *Justin Bieber*, que son unos animales muy monos. Y aunque no puedan leer esto, quisiera agradecerles su calidez.

Los mentores son importantes y los mejores han sido Richard Reoch, Connie Brock y Mitchell Levy. Gracias por vuestra firme atención por los detalles y cuidado extremo. Lo mismo le digo a Stan Lee, por proporcionarme excelentes modelos cada vez más importantes: los Hombres X y Spider-Man.

Tengo una increíble deuda de gratitud con todos los que trabajan en Shambhala Publications. Quiero darle las gracias a Sara Bercholz, por creer en este proyecto y entenderlo, a veces incluso mejor que yo mismo. Mi gratitud para Emily Bower, por estimularme y empujarme en la dirección adecuada, y también para Katie Keach y Ben Gleason, pues ambos tienen la rara habilidad de tomar mis palabras y convertirlas en algo elocuente. Y claro está, un enorme gracias a Dave O'Neal por revisar cuidadosamente este libro y añadirle capa tras capa de claridad. Ha sido una alegría trabajar con todos vosotros.

Acharya Adam Lobel ha escrito ampliamente acerca de las cuatro dignidades en manuales que hablan del programa *El camino de Shambhala*. Además de los materiales tradicionales que usa, me conmovieron e inspiraron las imágenes y el lenguaje empleados. Pero lo cierto es que ninguna de estas páginas estaría ahora aquí de no ser por la inspiración continua del ejemplo de Sakyong Mipham Rimpoché, que me parece el ser humano más genuino del planeta. Gracias a todos por hacer posible esta obra.

# Introducción

Este no es el libro de meditación de tu abuela. Es para ti. Es decir, asumiendo que te guste tomarte una cerveza de vez en cuando y disfrutar del sexo, te habrás dado cuenta de que tus padres están de los nervios o que les frustra su trabajo. Este es un libro que no pone el budismo en ningún pedestal, de manera que debas levantar la vista para verlo. De lo que trata es de mirar en todos los rincones y rendijas de tu vida y de aplicarles las enseñanzas budistas, por muy confuso que pudiera parecer.

¿Has de hacerte budista para que te guste este libro? Demonios, no. Cualquier retazo de sabiduría que pudieran contener sus páginas es el resultado de la excelente instrucción por parte de mis profesores y de mi propio proceso de tanteos y errores. El Dharma o enseñanza budista no implica tener que hundir la nariz en ningún libraco confuso que necesite ser diseccionado y analizado. Es para vivirlo. Así que nada de tener que ser budista para meterte en este asunto, solo tienes que haber vivido un poco y estar dispuesto a considerar tu vida desde una perspectiva nueva.

Siguiente pregunta: ¿has de cambiar tu vida para vivir las verdades de este libro? Qué va. Este libro es para todo aquel que nunca haya dicho aquello de: «Soy espiritual», o: «De ser algo, seré budista». De lo que trata es de tomar esas enseñanzas tradicionales que han sido suficientemente puestas en práctica a lo largo de miles de años y decirse: «Voy a intentar vivir este día con un poco más de compasión», o: «Voy a dejar de ir tan acelerado y voy a disfrutar de la vida». No has de cambiar*te*. Eres estupendo. Este libro solo trata de cómo vivir tu vida a tope.

En sus páginas exploramos las cuatro dignidades de Shambhala y los tres *yanas* o vehículos del budismo tibetano tradicional. Te ofreceré lo que yo sé, pero el resto dependerá de ti. Has de ser tú el que vivas tu vida con atención y compasión. Eso ya lo sabes. Después de todo, la verdadera sabiduría sale de tu interior. Lo que hace este libro es proporcionar una serie de herramientas para acceder a esa sabiduría. Nos meteremos en prácticas, consejos y enseñanzas sencillas que te ayuden a sincronizarte con tu propia brújula moral personal, con la dignidad de tu propio corazón.

Así que, si quieres estar más en el "ahora", lee este libro. Si quieres cambiar el mundo, lee este libro. Si quieres ser meditador y no obstante disfrutar de un trago, lee este libro. Lo he escrito para ti. Cuando lo hayas hecho, escríbeme. Me gustaría de verdad saber qué te parece.

Lodro Rinzler
2 de junio de 2011

# Parte I:

# Primero, espabílate

# 1. Tu vida es un terreno de juego

«Si no has amansado al enemigo que es tu propia cólera,
combatir oponentes externos solo conseguirá que se multipliquen.
Por lo tanto, la práctica de un *bodhisattva* es utilizar
un ejército de benevolencia y compasión para domesticar su propia
mente.»

Ngulchu Thogme

De joven tuve un reloj despertador que tenía la forma de samurái japonés que blandía una espada en la mano y contaba con una esfera de reloj en el vientre. Funcionó durante diez años, y me despertaba cada mañana con el sonido de un guerrero aullando en japonés: «¡Despierta, despierta! ¡Es la hora de la batalla!».

A muchos la vida nos parece una batalla. Nuestro primer instinto por la mañana es de autoprotección, deseando volver a perdernos entre las sábanas, en lugar de hacer frente al nuevo día. Y eso pasa porque a menudo consideramos nuestra rutina diaria como una manera de ir tirando en la vida –pagar las facturas, encontrar una relación sentimental, mantener las amistades, alimentar la vida familiar–, y al final de la jornada nos sentimos agotados a causa del esfuerzo desplegado para tenerlo todo controlado.

Invertimos mucha energía constantemente para estar al tanto del correo de voz, el electrónico, el correo basura, las facturas, las chicas o los chicos. En lugar de hacer frente a esos diversos aspectos de nuestra vida con una mente abierta, nos arrastramos a través de ellos y nos aferramos a nuestras escapatorias: nos mordemos las uñas, bebemos cervezas, tenemos relaciones sexuales, realizamos compras por Internet, o bien vamos al gimnasio. Algunos incluso nos las arreglamos para ser polivalentes y ocuparnos de todo lo anterior a la vez. Aunque lo intentamos con todas nuestras fuerzas, sabemos que al final de la jornada siempre se nos quedará algo en el tintero y que, a pesar de todo, habremos dedicado muy poco tiempo a ocuparnos de nosotros mismos.

Ahí es donde la meditación resulta especialmente útil. La práctica de la meditación trata sobre todo de aprender a estar presentes y apreciar el mundo que nos rodea. Nos ayuda a ver el mundo no como un campo de batalla, sino como un terreno fértil para practicar la sinceridad y el ser conscientes. Las enseñanzas budistas nos muestran que lo único que nos está impidiendo estar realmente presentes en nuestro mundo es un intenso cuelgue con nuestra manera habitual de considerar las cosas.

La mayoría de nosotros contamos con una rutina establecida que nos conduce a lo largo del día. A veces solidificamos esa rutina, convirtiéndola en una manera de vivir. Entonces surge la pregunta: «¿Funciona?». Nos descubrimos, un día tras otro, agitados e inquietos a causa de las mismas clases o trabajo, de la misma relación, los mismos bares y cuelgues, y anhelamos un cambio radical.

Sin embargo, no se trata necesariamente de que nuestro mundo sea problemático; lo problemático es nuestra perspectiva. Se ha dicho que la iluminación no es más que ver las cosas tal y como eran antes de que las tiñésemos con nuestras esperanzas y temores. Si pudiéramos relajar nuestra ansia acerca de cómo deberían ser las cosas y limitarnos a apreciarlas tal y como son, entonces el mundo se transformaría mágicamente en un terreno de ricas posibilidades.

En los años que llevo enseñando budismo, a menudo me ha sorprendido la increíble diversidad de personas que asoman en los umbrales de los centros de meditación. Aparte de la raza, edad o clase social, el factor común parece ser que ninguna de ellas se siente totalmente satisfecha con su vida tal y como esta discurre. Muy a menudo han intentado todo tipo de cosas para tratar de conseguir que su vida resultase más satisfactoria –la última droga, un trabajo nuevo, un coche nuevo, un nuevo amor–, pero ninguno de esos intentos ha producido un escenario de final feliz.

La palabra budista para señalar el ciclo de sufrimiento en el que nos hallamos es *samsara*. Samsara es todo, desde sentirnos incómodos porque tenemos un padrastro en una uña, hasta perder a una persona amada o a un familiar. El hecho de anhelar aquello de lo que carecemos es lo que nos hace infelices. Es el hecho de que al obtener aquello que anhelamos ya estamos pensando en algo nuevo con lo que entretenernos.

Samsara está alimentado por la esperanza y el miedo. Esperamos hacerlo mejor en el trabajo, pero tememos disgustar al jefe. Tenemos la esperanza de poder ir a la playa, pero tememos que llueva. La esperanza y el temor extremos pueden arruinar cualquier experiencia porque pasamos mucho tiempo dándole vueltas a la cabeza preocupándonos acerca de lo que podría suceder. Muchas personas, tras reconocer que los factores externos pudieran no reportarnos una felicidad duradera, se sienten inspiradas a buscar un cambio en su interior, pero la mayoría no tenemos ni idea de cómo empezar.

El Buda enseñó acerca de esta insatisfacción general cuando ofreció su primer sermón. No dijo: «Esto es lo que vamos a hacer, tíos. Primero X, Y, y luego Z, y ya veréis cómo resplandecéis igual que yo». No. Lo que dijo fue: «Vamos a ver. ¿Os sentís infelices, vale? Analicémoslo». Luego pasó a la cuestión de que sufrimos porque no acabamos de tener mucha idea de quiénes somos. El lado positivo sería que dijo que existe el cese de todo ese síndrome de agitación que sentimos en la vida. Para ello trazó un sendero a fin de que pudiéramos explorarnos a nosotros mismos y descubrir nuestro propio camino para iluminar el corazón y la mente. Este sendero está conformado por la meditación y la buena conducta.

La meditación es una herramienta sencilla para la autorre-flexión, pero que no obstante ostenta un poder tremendo. Aunque no te ofrece la purga de Benito para transformar tu vida, lo que sí es cierto es que cuenta con el poder de transformar tu mente y corazón, haciéndolos más expansivos y más capaces de aceptar los obstáculos que pudieras encontrar en tu cotidianidad. Cuanto más expansivos son tu mente y corazón, más puedes implicarte en el mundo sin sentir que estás librando una batalla.

Las personas que empiezan a practicar meditación pasan por tres etapas. La primera podría describirse como la fase «¿De dónde salen todos estos pensamientos?». Estamos tan habituados a nuestro frenético estilo de vida que el simple hecho de sentarnos a meditar y estar presentes con nuestra respiración nos muestra la batería de pensamientos que discurren por nuestra mente a la velocidad de la luz. Nunca antes nos habíamos tomado la molestia de mirar nuestro interior y por ello nos choca descubrir las veloces y cambiantes tonalidades de pasión, cólera, confusión y soledad en sus diversas variaciones, que atraviesan nuestra cabeza.

La técnica básica de meditación es adoptar una postura derecha, conectar con el cuerpo y concentrar la mente en la respiración. La respiración sirve como ancla, amarrándonos a este momento, la experiencia presente. Parece sencillo, pero al cabo de unos momentos empezamos a darnos cuenta de que la mente deriva hacia una conversación que mantuvimos en otro momento del día, o que está pergeñando una lista de cosas que hemos de hacer en el momento en que acabemos de meditar. Cuando surgen esos pensamientos, hemos de reconocer su presencia, sin juzgarlos, solo como pensamientos, y devolver nuestra atención a la sensación física de la respiración. Si eso nos ayudara, incluso podemos decirnos mentalmente que no estamos haciendo nada terrible y que contamos con la capacidad de regresar a la respiración.

En una sesión de meditación de media hora podemos llegar a tener una amplia variedad de pensamientos. A menudo, en la fase «¿De dónde salen todos estos pensamientos?», la gente se frustra porque siente que no llega a ninguna parte o que esa meditación no funciona. La meditación ha funcionado para numerosos tipos corrientes que se han convertido en maestros de meditación a lo largo de miles de años, pero, claro, tú consideras que eso a ti no te vale.

Una de las cosas estupendas del budismo es que no adora al Buda como si fuese un dios o una divinidad, sino que en lugar de ello celebra al Buda como un ejemplo de persona normal, como tú y como yo, que inculcó mucha disciplina y gentileza a su práctica de meditación, acabando por abrir su mente y corazón de una forma increíble.

Cuando el Buda estaba en la veintena, no era un gran maestro iluminado. Se llamaba Siddhartha Gautama y vivía en casa de su padre. Tenía esposa, pues se casó muy joven, y antes de que se diera cuenta ya tenía un hijo. Acababa de descubrir lo protegido que había crecido, porque no sería hasta alcanzar la veintena cuando se encontró por primera vez con el sufrimiento en la forma de la enfermedad, la vejez y la muerte. De manera muy parecida a como nos ha sucedido a la mayoría también a esa edad, no le gustó lo que vio en el mundo y se esforzó en encontrar la manera de cambiarlo.

Siddhartha Gautama, al que imagino que sus amigos y familia llamaban "Sid", se sintió inspirado a seguir una vida espiritual alejado de su hogar. Recurrió a prácticas extremas, pasando hambre y viviendo en condiciones difíciles en pos de la santidad, como si buscase un cambio radical con respecto a su cómoda educación y origen. Acabó descubriendo, no siendo demasiado indulgente ni demasiado duro consigo mismo, que podía transitar por un camino intermedio donde podía ser considerado consigo mismo, practicar meditación con diligencia y vivir una vida noble. Solo entonces pudo realizar la iluminación.

Siempre que alguien en la fase «¿De dónde salen todos estos pensamientos?» me pregunta qué hacer con su práctica de meditación, recuerdo lo que me decían mis maestros: «Sigue sentándote». Eso no tiene nada que ver con ningún rollo de tener fe porque un tío llamado Sid así lo hiciera hace 2.600 años, o porque nos fijemos en la gente que vive en comunidades meditativas y comprobemos que hay quienes se han beneficiado de esta práctica. Tiene que ver con que vemos los efectos de la meditación en nosotros mismos.

Cuando el Buda alcanzó la iluminación, buscó a unos buenos amigos con los que había meditado en el pasado. En lugar de ir a ellos con la mentalidad de: «Ya lo tengo, así que veniros a estudiar conmigo», lo que dijo fue: «Venid y comprobadlo por vosotros mismos».

La meditación es el camino del autodescubrimiento. Si aceptamos el consejo del Buda y de otros grandes maestros del pasado y continuamos practicando meditación, también empezaremos a alejarnos de la sensación de estar siendo bombardeados por un aluvión de pensamientos. En su lugar, podemos llegar a sentirnos como si nos hallásemos en medio de un potente río de pensamientos. No es mal comienzo. Con el tiempo y la práctica, uno llega a sentir que los pensamientos que nos atosigan lo hacen ahora a la velocidad de un arroyuelo o manantial, lo cual nos conduce a una mente atenta: un amplio y espacioso estanque sin ondas en su superficie.

El proceso gradual de ir acostumbrándose a regresar a la respiración durante la meditación empieza a desarrollar algo de espacio mental que, con el tiempo y sin que tengas que "hacer" nada, de manera natural, empieza a manifestarse en nuestra vida cotidiana. En nuestra práctica de meditación aprendemos a reconocer los pensamientos sin actuar sobre ellos. Se trata de una herramienta extremadamente útil cuando vivimos en un mundo en que un colérico correo electrónico o un botón de borrado en un teléfono móvil pueden acabar con una relación.

Tal vez, durante la sesión de meditación nos descubramos enfadados con un compañero de trabajo o de clase. Repasamos un determinado número de pretendidas conversaciones con dicha persona y en cada ocasión son distintas. Analizamos con exactitud cómo nos engañaron en el pasado y pensamos en cómo vengarnos. Cada vez que nos sorprendemos haciendo eso durante la meditación, lo reconocemos, lo etiquetamos como "pensando" y regresamos a la respiración. Quizá se parezca a lo siguiente:

«Brett es un capullo».

"Pensando".

Vuelta a la respiración.

«Este Brett se ha propuesto arruinarme la mañana. Estoy seguro de que lo hizo a propósito».

"Pensando".

Vuelta a la respiración.

Repitiendo esta sencilla práctica de darnos espacio en el cojín de meditación, nos preparamos para relacionarnos con esa emoción y esa persona en la vida cotidiana. Se denomina "práctica de meditación" porque practicamos el estar presentes en nuestra experiencia durante la meditación, y esta práctica se extiende las 23 horas y media en las que no estamos meditando formalmente. Con suerte, la próxima vez que veamos a Brett, en lugar de seguir nuestra respuesta habitual de darle caña, podamos encontrar un pequeño resquicio de espacio, una oportunidad de no reaccionar como acostumbrábamos en el pasado, y podamos estar presentes en cualquier situación que surja.

Cuando tenemos esa experiencia, es que tal vez hemos pasado a la segunda fase, la de «Vaya, parece que esto me ayuda algo». Estamos ligeramente encantados de que la meditación empiece a permitirnos introducir más amplitud en nuestra mente y vida cotidiana. Por eso la práctica de la meditación no trata de intentar dar la talla respecto de alguna versión ideal acerca de quiénes somos, sino que se trata de estar en nosotros mismos y nuestra experiencia, sea cual sea.

La tercera fase podría decirse que es algo así como «La meditación es un chollo». Hemos visto que crear más espacio alrededor de los pensamientos y las emociones intensas durante nuestra práctica de meditación nos permite relacionarnos totalmente con estos y estas en nuestra vida cotidiana. Eso nos sienta bien. Nos sienta tan bien que queremos seguir explorando este camino con la esperanza de llegar a aportarnos cierta sensación de cordura, a nosotros mismos, a nuestra vida cotidiana y al mundo que nos rodea.

Sin embargo, al igual que sucedía en nuestro primer ejemplo sobre los muchos años que le costó al Buda dar con una técnica que le funcionase, tampoco nosotros podemos esperar que la meditación nos cambie la vida de la noche a la mañana. Si quieres ponerte en forma físicamente, no esperas obtener una diferencia radical tras haber corrido unos pocos días o pasado un largo fin de semana en el gimnasio. En lugar de ello, empiezas acostumbrándote poco a poco a las pesas y las máquinas, reforzándote sesión a sesión, a lo largo de bastante tiempo. Cada vez que puedes impulsarte un poco más te sientes inspirado.

Lo mismo puede decirse de la mente con la meditación. No podemos esperar sentarnos cinco horas e iluminarnos. Ni tampoco podemos sentarnos 15 minutos al día durante una semana, y cuando nos damos cuenta de que no estamos más cuerdos ni nos sentimos mejor que antes, abandonar. Sesión a sesión, empezamos a adquirir la flexibilidad y apertura mental que irán haciendo que nuestra mente se torne saludable y vigorosa. Hemos de empezar entrenando la mente de manera regular en sesiones cortas, a fin de ir aumentando la estabilidad que acabará extendiéndose al resto de nuestras vidas.

En última instancia creo que cualquiera que se sienta atraído a una vida espiritual quiere beneficiar al resto del mundo. Nadie escogió leer este libro porque desease un coche mejor o una pareja más guapa. Queremos aprender a ser cuerdos, cómo ser más francos en nuestras vidas y cómo difundir la cordura y la compasión en un mundo cada vez más caótico. El primer paso es enfrentarnos a nuestros demonios mentales al ir conociéndonos a nosotros mismos en la meditación. Necesitamos entablar amistad con nosotros mismos, y aunque suene muy sobado, a amarnos a nosotros mismos, para así poder amar al mundo.

El despertador en forma de samurái nos indica una manera en que podemos enfocar nuestra jornada. Podemos pensar en nuestra mañana y decirnos: «Es hora de ir a la batalla. Yo contra el mundo». Para ganar, debemos mostrarnos despiadados en el trabajo y obtener aumentos de sueldo y ascensos, adquirir los últimos dispositivos electrónicos y tener una supermodelo por esposa. Ese punto de vista resulta agotador y gastado, porque nos obliga a luchar constantemente para poder alcanzar ese nuevo escalón de la escalera de nuestra carrera profesional, nuestros dispositivos quedan obsoletos al cabo de pocos meses y a nuestra pareja se le acaban desdibujando los rasgos. Considerar nuestra jornada como una batalla nos separa del mundo que nos rodea y hace que nuestras vidas cotidianas parezcan algo que debemos conquistar y someter, o bien limitarnos a sobrevivir.

En cambio, podrías considerar tu vida como una buenísima oportunidad. Cuando suene el despertador, puedes dedicar un minuto a reflexionar acerca de todo lo que tienes en la vida –amigos, familia, aquello que te importe– y apreciarlo. Al ir adentrándote en la jornada, podrías dedicar algo de tiempo a meditar y observar la manera en que ese poco tiempo que le dedicas te hace sentir más espacioso y a tu mente más expansiva.

De hacerlo, podrías descubrir que ese mundo que antes daba la sensación de ser tan intimidatorio, contra el que valía la pena luchar, resulta que no es tan difícil cuando no incluyes tus pasiones, agresividad y confusión de siempre en todos los escenarios, y en lugar de ello, infundes amplitud a todas las situaciones.

Cuanto menos sigamos aceptando nuestra versión acartonada acerca de cómo deberían ser las cosas, más dispuestos estaremos a aceptar las cosas tal como son. Cuando estamos en disposición de poder hacerlo, nuestras vidas dejan de ser una batalla y pasan a convertirse en un terreno de juego en el que disfrutar.

## 2. Ríete ante el montaje de tu mente

Antes de embarcarnos en un camino de desarrollo de nuestra sabiduría y compasión, necesitamos aprender lo básico. Hemos de saber cómo trabajar con nuestra propia mente. A la técnica de meditación presentada en este capítulo se la suele denominar *shamatha*. Se trata de una palabra sánscrita que podríamos traducir como "serenidad". Suena bien, ¿verdad? El proceso de reservar cierto tiempo a la meditación de tu rutina cotidiana y agitada pudiera inducir ese efecto sosegador.

No obstante, ampliaré este tema: la meditación no siempre es calmada. Cuando empiezas a meditar te das cuenta de que *shamatha* tiene un sorprendente efecto secundario, pues empiezas a observar los diversos aspectos de tu mente ocurriendo como si se tratase de la pantalla de un cine. Contemplas tus expectativas, temores y alocadas y desenfrenadas fantasías en un bucle constante en tu mente. Tras permanecer sentado en ese bucle durante un tiempo, puede que llegues a darte cuenta de que en realidad resulta bastante aburrido y repetitivo. La cues-

tión es que siempre ha estado ahí. Lo que sucedía es que nunca
lo contemplaste directamente.

## Adiestra tu mente con *shamatha*

*Shamatha* adiestra la mente para que regrese a lo que sucede
en el instante presente. Cuando contemplamos el montaje de
la mente, y de repente se desplaza a una escena en la que estás
en el Caribe con una copa en la mano, en una playa tropical y
hundiendo los dedos de los pies en la arena, tal vez caigas en
la cuenta de que: «¡Eh, que esa no es mi realidad. Mi realidad
es este piso atestado de trastos, un dolorcito de espalda y una
mente errabunda». Tanto si te lo crees como si no, se trata de
una buena cosa. Darte cuenta de que te has ensimismado en
tus pensamientos es el primer paso para regresar al presente
con regularidad.

Se parece un poco al primer paso de Alcohólicos Anóni-
mos (AA), en el que admites que careces de control sobre el
alcohol. Lo que estás diciendo es esto: «Estoy indefenso ante
este insólito despliegue de pensamientos y emociones que tiene
lugar ante mis ojos». Pero, al igual que ocurre en AA, existe un
camino para obtener poder: se trata de regresar poco a poco a
otra cosa que no sea la fuerza de la costumbre.

Aprender meditación *shamatha* es como enarbolar una espada: puedes cortar como si fuesen de papel esos bucles dis-

cursivos que tienen lugar en tu mente. Regresando una y otra vez a la respiración, aprendes que no tienes por qué quedarte enganchado de ese culebrón. En lugar de ello, puedes entrar en contacto con el elemento sosegado que existe tras toda esa locura: tu propia e innata sabiduría.

La meditación es una práctica que utilizan tradiciones de todo el mundo. No es una práctica exclusivamente budista, ni siquiera una práctica religiosa, y lleva siglos existiendo. La única razón por la que tú y yo deberíamos practicar meditación es porque nuestro amigo Sid la utilizó como herramienta para descubrir su sabiduría innata, y el resultado fue que desde entonces vivió feliz. Nosotros también podemos entrar en contacto con la sabiduría que anida tras nuestra confusión. También podemos observar el montaje que se desarrolla en nuestra pantalla de cine y darnos cuenta de que es ilusorio.

Sid es sobre todo famoso por una cosa: alcanzar la iluminación. Lo que descubrió ha sido debatido por muchísimas personas y descrito en numerosos y gruesos volúmenes. Pero en nuestro caso bastará con que digamos que despertó a la realidad tal cual es. Gracias a la práctica de la meditación, pudo descubrir la calma esencial: la calma de no tener que estar de acuerdo con todo lo que aparecía en la pantalla de su mente. Pudo dirigir su conciencia a su propia sabiduría, que suele denominarse naturaleza búdica, o bondad fundamental.

Todos nosotros contamos con el potencial de ser budas. También nosotros poseemos la benevolencia innata descubierta por el Buda. Sid desarrolló una profunda confianza en su propia bondad fundamental, y a partir de ahí la ofreció constantemente. Es un buen ejemplo acerca de cómo *shamatha* puede ayudar a tarugos como tú y como yo.

Tal vez ahora mismo la iluminación no te parezca tu objetivo esencial. Estupendo. De verdad. Sin embargo, si quieres abrir más tu corazón, aprender a trabajar con emociones intensas que no dejan de manifestarse o solo rebajar el estrés, puedes utilizar *shamatha* como herramienta para aflojar la adicción a aceptar el inacabable despliegue de la mente.

Así es como funciona: si estás en casa, llena un vaso de agua. Si no es el caso, utiliza de momento la imaginación. Esa agua cristalina y transparente es similar a nuestro estado natural. Es luminosa y sin ondas.

Ahora bien, si echas un poco de tierra en el vaso de agua, la cosa empieza a ensuciarse. Sobre todo si lo remueves con una cuchara. ¡Prueba, prueba!

Ese tornado de suciedad representa la manera en que lidiamos con nuestra mente a diario. Cuando un pensamiento o emoción intensa aparece, le damos vueltas en miles de escenarios distintos. Un pegote de porquería pudiera ser: «¿Qué quiso decir Laura con ese extraño correo?», y la suciedad que se arremolina a su alrededor serían las doce distintas cavilaciones acerca de en qué estaría pensando, cómo le contestaremos, a quién se lo contaremos, etc. Cuando malgastamos nuestra energía mental removiendo todos esos posibles escenarios, nuestra mente se enturbia.

Vale, pues deja de remover. Observa cómo se va posando la tierra en el fondo. Una vez que esté toda ahí, te darás cuenta de que el agua de arriba recupera su anterior estado limpio y cristalino.

De la misma manera, nuestra mente es el telón de fondo donde se proyectan todas esas intensas emociones y sensaciones. Pero aun así nuestra mente sigue siendo innatamente luminosa y dinámica. Es básicamente bondad. Cuando no nos colgamos de nuestro despliegue cíclico de pensamientos, sensaciones y emociones, descubrimos que estar presentes en nuestra sabiduría innata resulta refrescante.

## Consejos sobre la meditación

Estos son algunos consejos acerca de cómo ir abandonando nuestra proverbial cuchara agitadora y empezar a entrar en contacto con nuestra bondad fundamental.

### Ubicación, ubicación, ubicación

Has de elegir un lugar en casa para meditar. Es importante contar con un lugar consistente, cómodo, tranquilo y limpio. Si no puedes encontrar un sitio que cumpla esos cuatro requisitos, intenta hallar un espacio que al menos cumpla con dos. Algunas personas adquieren cojines de meditación en tiendas, mientras que otras prefieren utilizar una almohada o un cojín sobre una manta colocada en el suelo. Si padeces problemas de espalda, tal vez deberías pensar en utilizar una silla.

Adopta la disposición que te parezca más adecuada en el lugar que te parezca inspirador y amplio. No es obligatorio contar con un sitio a prueba de ruidos, pero la idea es que has de sentirte atraído por ese espacio y que puedas sentarte durante un período de tiempo sin sufrir distracciones. No te sientes frente al ordenador o la televisión, aunque estén apagados. Hacerlo frente a la pared o una ventana servirá.

## Cuerpo

Siéntate en el cojín o la silla. Si lo haces en un cojín, siéntate con las piernas relajadamente cruzadas. Si estás en una silla, reposa ambas plantas de los pies firmemente en el suelo. Cuando te sientas a meditar, lo más conveniente es sentirse equilibrado y firme.

A partir de esta sólida base, siéntate derecho (igual que solía indicarte tu madre). Si la imagen te ayuda, imagina una cuerda en la coronilla de tu cabeza que te tira hacia arriba, estirando la columna vertebral. No obligues al cuerpo a hacer nada, permítete adoptar tu curvatura natural. Relaja brazos y hombros.

El Buda tuvo un estudiante que era músico y que en su práctica de meditación adoptaba una postura especialmente rígida. Nuestro amigo Sid le dijo:

–Explícame otra vez cómo afinas tu instrumento. ¿Cómo deben estar las cuerdas.

Contestó el músico:

–Ni demasiado tensas ni demasiado flojas.

–Así es –dijo Sid–. Medita también así.

Recuerda ese consejo al adoptar tu postura de meditación. No tenses los músculos creando nudos, y no te inclines demasiado hacia delante como si fueses a caer dormido. Encuentra tu propio camino intermedio.

Descansa las manos en los costados. Luego, sin mover la parte superior de los brazos, dobla los codos y levanta las manos. Reposa las manos, con las palmas hacia arriba, sobre los muslos. Ese será el lugar probablemente más cómodo para dejarlas descansar.

Mientras la cabeza reposa suavemente en lo alto de la columna vertebral, mete un poco la barbilla hacia dentro. Relaja los músculos del rostro alrededor de ojos, nariz y mandíbula. Eso tal vez implique tener la boca abierta. Vale. Si te ayuda puedes descansar la lengua contra el paladar.

Una última consideración sobre la postura: mantén los ojos abiertos. Hay escuelas de meditación que animan a cerrar los ojos y otras a mantenerlos abiertos. Yo pertenezco a la segunda escuela. Si el objeto de nuestra práctica meditativa es estar presentes, resulta mucho más fácil si no desconectamos a propósito uno de nuestros sentidos. Además, no es raro que la gente se duerma mientras medita. Así que mantén los ojos abiertos, descansando la mirada, desenfocada, a una distancia de entre un metro y un metro y medio por delante de ti.

## Respiración

El objeto de la práctica de la meditación es nuestra respiración. La respiración no es algo que debamos forzar para que ocurra; sucede de manera natural, así que es fácil armonizarse con ella. La regularidad de la respiración resulta sosegante para la mente. La respiración también es el ahora. La respiración siempre es el ahora. Y como la respiración siempre es nueva, es un ancla excelente para mantenernos enraizados en el momento presente.

Dirige tu atención a la sensación física de tu espiración y respiración. No cambies el ritmo de la respiración, deja que suceda como siempre lo ha hecho.

## Mente

Inevitablemente te irás distrayendo de la respiración. De repente un tema que aparece en tu mente adquiere importancia y quieres saltar del cojín de meditación para solucionarlo, o bien quieres hallar una solución en ese mismo momento. También puedes verte repasando una conversación telefónica que tuviste hace 20 minutos, o repasando lo que le contarás de ti a tu ligue al día siguiente.

No te preocupes. Todos los meditadores se han enfrentado exactamente a esas mismas situaciones a lo largo de la historia de la práctica de la meditación. No dudo de que incluso Sid, en su etapa «¿De dónde salen todos estos pensamientos?», también se preguntaba qué iba a cenar.

El tema es que cuando uno se pierde en los pensamientos, las emociones o las fantasías ha de regresar a la respiración. Si te resulta de ayuda, puedes decirte a ti mismo: «Pensando», como recordatorio de que estás realmente pensando. No te dices que tu pensamiento es bueno o malo, sino que te recuerdas que lo que verdaderamente deberías hacer es devolver tu atención a la respiración.

Ten fe en que si el pensamiento es tan increíblemente bueno seguirá existiendo de alguna manera una vez que acabes la sesión meditativa. El poeta Allen Ginsberg solía mantener un diario junto a su cojín de meditación. De vez en cuando, en su cabeza surgían pensamientos brillantes, y su maestro, Chögyam Trungpa Rimpoché (el maestro de meditación que trajo el budismo Shambhala a Occidente) le pedía que, en lugar de ponerse a escribir el siguiente *Aullido* allí mismo, lo dejase y regresase a la respiración.

Siempre que algo aparentemente importante surge en mi mente durante la meditación, reflexiono acerca de esa historia y luego vuelvo a concentrar la atención en la respiración. Pase lo que pase, regresa. No vale la pena saltar del cojín.

## Tiempo

Lo más importante es que tus sesiones de meditación sean cortas y regulares. Decide cuánto tiempo piensas sentarte antes de ponerte a ello. Aunque solo puedas diez minutos al día, hazlo así y respeta el plazo.

La práctica de la meditación se parece un poco a aprender a tocar un instrumento musical. Si solo tocas la guitarra una vez al mes y lo haces durante una o dos horas, aprenderás unas pocas cosas lentamente, pero puede que te desanimes cuando te des cuenta de que no puedes llegar a tocar una pieza entera tras un año de práctica. Pero si tocas esa misma guitarra durante diez minutos al día, aprenderás unos pocos acordes, luego unas cuantas canciones básicas y en poco tiempo acabarás tocando en una banda del barrio.

Lo mismo podría aplicarse a la meditación. Si te sientas durante una hora o dos al mes, tal vez no tenga mucho efecto. Pero si te sientas durante diez minutos al día, entonces, con el tiempo, te acostumbrarás a meditar y comprobarás que sus efectos empiezan a permear el resto de tu vida.

La práctica de la meditación engendra atención y conciencia, que en definitiva es estar atento a lo que sucede. Empezamos observando lo que tiene lugar en el montaje disparatado que aparece en la pantalla de proyección que es tu mente. Lo observamos, y utilizamos *shamatha* para abrirnos paso a través de nuestra tendencia a dejarnos arrastrar por los entresijos de cada escena.

Cuando empezamos a estabilizar la mente, nos damos cuenta de que la práctica de la meditación se torna más agradable. Desarrollamos cierto sentido del humor respecto a la proyección sobre la pantalla. Lo que antes era un drama pasa a convertirse ahora en una comedia. No es que la trama sea distinta; seguimos comprobando la existencia del impulso de enfurecernos con alguien o de imaginar cómo nos irá en nuestra próxima cita. Pero ahora ya no nos sentimos impotentes para dirigir nuestra atención a otra parte. Ahora podemos dirigir la atención a entrar en contacto con nuestra bondad innata. Podemos reírnos de la película de nuestra mente y no tomárnosla tan en serio.

Cuando llegamos a ese punto, empezamos a tener fe en nuestra práctica de meditación porque ya nos está beneficiando. Ya hemos establecido contacto con nuestra bondad básica, y podemos empezar a ver bondad en el mundo que nos rodea.

# 3. Manifiesta las cualidades del tigre

Al haberme criado en la década de los ochenta, me encantaba el cómic de *Super Friends* (Superamigos). Era una mezcla de los superhéroes más guays, incluyendo Supermán, Batman y Wonder Woman. La fuerza combinada de esos personajes ganaba continuamente a cualquier malvado que pudiera enfrentárseles.

En el budismo tibetano tradicional contamos con nuestro propio grupo de Superamigos. Se trata de cuatro animales míticos y no míticos que representan diferentes aspectos de nuestra formación en sabiduría y compasión. Son: tigre, león de las nieves, *garuda* (parte ave y parte humano) y dragón. Juntos forman lo que se llama las cuatro dignidades de Shambhala. Cuando los consideramos juntos, son muy poderosos. En lugar de invocarlos mediante un grito o anillos secretos, lo cierto es que en realidad nos formamos para encarnar las cualidades de estos animales y así manifestarlas en el acto.

A lo largo de este libro iremos explorando estas cuatro dignidades de Shambhala. Las cualidades de estas dignidades son increíblemente prácticas. Consideramos a esos seres no como algo ultramundano o esotérico, sino como ejemplos que nos gustaría encarnar en nuestra propia vida. Al estudiar las dignidades estamos descubriendo herramientas sencillas que nos ayudan a entrar en contacto con nuestra bondad fundamental y manifestarla de manera que resulte beneficiosa para nosotros mismos y los demás.

Cada dignidad está estrechamente relacionada con uno de los caminos tradicionales del budismo tibetano. Al ir explorando cada animal, iremos avanzando por estos cuatro *yanas*, o vehículos, de la estructura tradicional budista.

## El tigre y el camino Hinayana

El tigre es el primero de estos cuatro animales. Al camino Hinayana se le atribuyen muchas de las cualidades del tigre. Se trata de un camino que se concentra en el propio viaje hacia la iluminación, pero que no excluye beneficiar a los demás.

*Hinayana* es una palabra graciosa porque se traduce directamente como "vehículo estrecho o menor". Algunas tradiciones budistas se concentran únicamente en este sendero y no resulta sorprendente que la traducción les parezca ofensiva. En lugar de dejarnos llevar por las traducciones, podemos referirnos al Hinayana como un proceso de espabilarse. En otras palabras, el Hinayana es un camino para trabajar con nuestra mente de manera consistente, para manifestar un luminoso despertar.

Creo que eso es algo que apoyaríamos todos. La razón de que la imagen del tigre se asocie con la tradición Hinayana radica en que el tigre se desenvuelve en su entorno inmediato con atención, despertando así a su propia vida.

## Las tres cualidades del tigre

El tigre encarna sobre todo tres cualidades: discernimiento, delicadeza y precisión.

### Discernimiento

El tigre se mueve cuidadosa pero gallardamente por la selva. Se toma su tiempo y observa su entorno y luego actúa basándose en ese conocimiento. En otras palabras, el tigre observa antes de saltar.

Para nosotros, meditadores del siglo XXI, eso pudiera implicar observar un trago de tequila y preguntarnos a nosotros mismos antes de dar un sorbo: «¿Me reportará esto felicidad o bien dolor?». Si observamos con una mirada honesta nuestra vida, es posible que veamos que solo estamos bebiendo porque no hace mucho nos abandonó nuestro amor y queremos ahogar ese dolor. De ser así, entonces hemos de darnos cuenta de que el tequila solo hace las veces de esparadrapo temporal. Cuando volvamos a estar sobrios, esa persona seguirá sin estar cerca. En este caso, invocar el discernimiento del tigre nos lleva a darnos cuenta de que emborracharnos no es una solución viable. Lo que deberíamos hacer es lidiar con nuestro dolor directamente, sin automedicarnos.

Reflexionando sencillamente de este modo sobre nuestras actividades cotidianas, nos hacemos conscientes de cuáles son nuestras pautas habituales. Aprendemos que bebemos cuando estamos molestos, que nos mordemos las uñas cuando estamos nerviosos o que tenemos relaciones sexuales cuando nos sentimos solos. Sacamos nuestra atención plena del cojín de meditación y la aplicamos a los pormenores de nuestra vida. Una vez que conocemos los aspectos de nuestra vida en los que buscamos mayor participación, y que deseamos negar, se abre un camino viable hacia nuestra propia felicidad.

## Delicadeza

A menudo se presenta a los tigres como bestias violentas. Sin embargo, si alguna vez has observado a una tigresa con sus cachorros, verás que es increíblemente delicada. La majestad de la tigresa procede del hecho de que, aunque es capaz de hacerte trizas con sus garras, en la mayoría de las ocasiones elige no hacerlo.

El fallecido maestro budista Tulku Urgyen Rimpoché solía decir: «Siendo agresivo puedes lograr algunas cosas, pero con delicadeza puedes lograrlo todo». Si comprendes que cedes a algunos hábitos que no te llevan hacia la felicidad, no deberías reprenderte: «¡Tú, gilipollas! ¡Sabías perfectamente que el tequila iba a hacer que la telefoneases borracho porque sobrio no te atreves, y ahora has desperdiciado tu oportunidad de volver a estar juntos porque la has cabreado!». Ese tipo de diálogo interior es contraproducente.

El camino de la introspección es largo y turbulento. Si te enfureces contigo mismo cada vez que te saltas una sesión de meditación o que llamas borracho a una ex, podrías desanimarte y querer probar otra cosa. Por eso es importante ser delicado contigo mismo. El corazón de la práctica del tigre es que es afable consigo mismo y amable con los demás.

Pema Chödrön, maestra de la tradición budista Shambhala, conoció en una ocasión a un hombre que convirtió esta enseñanza en el núcleo de su práctica meditativa. Mientras daba una charla en Texas, en la década de los 1960s, miró a la audiencia, compuesta de tipos enormes con sombreros tejanos y pensó: «No sé si algo de lo que he dicho le ha llegado a alguien de los que están aquí».

Años después se sorprendió cuando un hombre se presentó a sí mismo en una sesión de firma de libros de Pema diciendo que había sido un participante en aquel programa de meditación de Texas. Dijo que desde aquella charla no había dejado de meditar, y que al principio fue muy duro consigo mismo. Se frustraba con facilidad cuando se sorprendía alimentando alguna fantasía y se gritaba: «¡Pensando!» a sí mismo. No obstante, tras contemplar su instrucción, decidió adoptar un nuevo enfoque, y gracias a ello descubrió que le reportaba una gran alegría devolverse a la respiración diciéndose, delicadamente: «Estás pensando, chaval».

Todos necesitamos adoptar el enfoque del "chaval" en nuestra práctica meditativa si queremos verla florecer. De la misma manera, cuando nos frustramos ante otros aspectos de nuestra vida, es necesario que cultivemos un enfoque delicado. No podemos sacudirnos a nosotros mismos continuamente por cualquier cosa. En 2.600 años de meditación y enseñanza, ningún maestro budista ha dicho nunca: «Para ser franco, deberías mortificarte continuamente. Así es como crearías un cambio interior».

Aprender a caminar delicadamente a través de nuestro mundo como hace el tigre es una práctica. Hace falta reflexión, aprendizaje y paciencia. En último término, podremos llegar a encarnar esta cualidad. Una vez que seamos delicados con nosotros mismos, podremos ofrecer esa delicadeza a los demás.

## Precisión

Cuando el tigre se mueve lentamente por la selva, coloca cada zarpa en el suelo con un increíble cuidado. Sus sentidos están armonizados con el mundo que le rodea. En otras palabras, está presente y despierto en su entorno cotidiano.

Demasiado a menudo nos precipitamos por la vida sin apreciar realmente lo que está sucediendo en este momento. A través de la práctica de la meditación, aprendemos a asentarnos en la situación presente: la sensación física de la espalda derecha, del cuerpo respirando con naturalidad y los pensamientos fluyendo por la mente. En nuestro mundo postmeditativo, podemos estar presentes en todos los aspectos de nuestra vida, sea el trabajo, los estudios, al hablar por teléfono con miembros de la familia complicados o al jugar con las mascotas.

¿Te da la impresión de que estar siempre presente resulta abrumador? Intenta empezar con algo muy simple, como lavar los platos. Dirígete ahora mismo al fregadero de la cocina. Si no hay allí ningún plato sucio, entonces podrás prepararte algo.

Si hay algo, tómalo en las manos y siente su peso. Abre el agua. Siente el calor del agua sobre la piel. Toma la esponja, siente sus diversas texturas mientras cambia de seca y áspera a mojada y suave. Lava el plato cuidadosamente, y una vez que hayas acabado, admira la belleza de un plato limpio.

Permanece presente en actos sencillos como este y te sorprenderá lo satisfecho que te vas encontrando.

Formarse en el estar presente en los diversos aspectos de nuestra vida nos conduce a una sensación de aminorar el ritmo y obtener precisión. Si alguna vez te has detenido en medio de una calle muy transitada, ya conoces la sensación de cortar con la velocidad que nos rodea. No es necesario que la acera esté atascada para tener esa sensación. Podemos estar presentes durante la aburrida presentación de un compañero de trabajo, o con nuestra pareja cuando hacemos el amor. Apreciamos aquello que hace falta para hacerlo bien en el trabajo o para ser una buena pareja, porque cortamos, atravesamos la velocidad que nos rodea.

Cuando recortamos nuestra velocidad habitual, podemos encontrarnos con que aplicamos a aspectos de nuestra vida el mismo cuidado que aplica el tigre cuando va de caza. Por la mañana podemos inspeccionar el armario, igual que el tigre inspecciona su entorno. Igual que él elige con cuidado su presa, también nosotros podemos bajar el ritmo y elegir cuidadosamente lo que queremos ponernos. Igual que el tigre atrapa su presa mediante hábiles movimientos, nosotros también podemos introducir la misma sensación de precisión al hacernos el nudo de la corbata o ponernos un fular. Esa precisión nos proporciona una sensación muy agradable. Al estar presentes y concentrarnos en ser precisos, encarnamos la majestad del tigre.

Hace falta mucho valor para observar con sinceridad nuestra vida y decir: «Quiero introducir un cambio». Para llevar a cabo ese cambio es necesario un conocimiento específico. Al estudiar las cuatro dignidades aprendemos sus cualidades, encarnándolas. Podemos invocar las cualidades de esos Superamigos, pues ya existen en nuestro interior. En el caso del tigre, podemos manifestar discernimiento, delicadeza y precisión en un amplio abanico de nuestras actividades. Esas cualidades son las herramientas de cambio, y en los tres capítulos siguientes las exploraremos en profundidad.

En tibetano existe una palabra para designar al guerrero que está dispuesto a pasar por esa transformación interna a fin de ser beneficioso para el mundo: *pawo*, "el que es valiente". La valentía no es luchar con nuestro mundo, sino poder observar sinceramente nuestra vida. Al seguir el camino del tigre, del león de las nieves, del garuda y del dragón, contaremos con el potencial para llegar a ser completamente lo que somos, y a partir de ahí poder ofrecer nuestra autenticidad al mundo.

# 4. Discierne tu propio mandala

«El propósito de estudiar budismo no es estudiar budismo, sino estudiarnos a nosotros mismos.»

SHUNRYU SUZUKI ROSHI

En la primera escena de la película *Ocean's Eleven* (2001), nuestro protagonista, Danny Ocean, está a punto de ser liberado de una prisión de Nueva Jersey. Sale con seguridad de la penitenciaría vistiendo un esmoquin con una pajarita sin ajustar colgándole del cuello, y al cabo de unas pocas semanas ha maquinado un golpe que le reporta once millones de dólares y el amor de su ex esposa.

Pero esta es la parte que no se montó y quedó en el suelo de la sala de montaje: Danny estuvo cuatro años en la cárcel preparándose concienzudamente para esas pocas semanas tras su liberación. Esa actitud aparentemente despreocupada a ojos del espectador es en realidad una cadena de acontecimientos escrupulosamente planeada por alguien que se había concentrado con todo su ser para conseguir hacer realidad su objetivo.

Contaba con una motivación en mente, y en cuanto pudo se esforzó en conseguirla. El *pandita* indio Shantideva dijo en una ocasión:

«Garzas, gatos y ladrones
   logran lo que se proponen
   al desplazarse sigilosamente
   y pasar desapercibidos.
   Así es la práctica constante del sabio».

Shantideva utiliza aquí el término "sabio" cuando se refiere a un término budista muy común: *bodhisattva*. Este término también puede traducirse del sánscrito como "guerrero valeroso" o "guerrero sin prejuicios". Un guerrero así no es alguien que busque pelea, sino que, como ya dijimos antes, es alguien dispuesto a comprometerse y hacer frente a su manera habitual de relacionarse con el mundo. Mientras que al ladrón le motiva el dinero y el éxito, al *bodhisattva* le motiva trabajar con su propia mente a fin de beneficiar a los demás.

A veces se percibe el budismo como una religión moralista. Cuando yo iba a la universidad y le decía a la gente que era budista, me echaban en cara la cerveza que tenía en la mano y la nena colgada del brazo. Daban por sentado que los budistas no beben ni tienen relaciones sexuales. Pero el budismo no es ninguna superreligión más puritana que otras tradiciones religiosas. Al igual que sucede en estas, hay budistas que eligen vivir una vida de abstinencia y otros que no. De hecho, muchos practicantes budistas son estupendos bebedores y amantes.

No obstante, también está la letra pequeña. El budismo nos informa de que deberíamos conocer la intención que anida tras nuestras acciones, y que todo lo que hacemos tendrá un efecto positivo o negativo en quienes nos rodean. El maestro de meditación indio Atisha escribió: «Hay que realizar todas las actividades con una intención». Y esa intención es una disposición a ser amables con nosotros mismos, influyendo positivamente en el mundo que nos rodea.

El individuo que desea encarnar las cualidades del tigre dirige su discernimiento a su propia vida. Tras dedicar nuestra mente durante un tiempo a la meditación, empezamos a comprender qué es lo que nos impulsa a realizar ciertas cosas. Volver con una ex pareja tal vez no tenga mucho que ver con darle otra oportunidad, sino más bien con no querer sentirnos solos. Cambiar de profesión pudiera ser una manera de insuflar aire fresco a nuestra rutina cotidiana, pero también podría ser una forma de escapar de un jefe difícil. Cuando nos veamos a punto de meternos en una situación dolorosa o placentera, podríamos reflexionar en nuestra motivación.

Aunque no era budista, Hamlet comprendió las enseñanzas acerca de conocer nuestra intención. Le dijo, elocuentemente, a Horacio: «No existe nada bueno ni malo; es el pensamiento humano el que lo hace aparecer así». En sí misma, una cerveza no es mala. De hecho, cuando nuestra intención es relajarnos con algunos amigos y ponernos al corriente, una cerveza suele ser una excusa estupenda para reunirnos. Por otra parte, cuando estamos cabreados y nuestra motivación es olvidar una presentación fallida en el trabajo, beber no es más que una huida de la realidad. En cualquier caso, no podemos culpar a la cerveza de que luego nos despertemos con una resaca horrible. La cerveza no nos obligó a hacer nada: lo que nos empujó a ese estado fue la incapacidad de nuestra propia mente de ser consciente de nuestra intención.

A menudo a la gente suele gustarle meditar por la mañana, antes de iniciar sus actividades cotidianas. Es una gozada reservar 10 o 20 minutos a la introspección antes de lanzarse al machaque diario. Al sentarnos a meditar por la mañana, surgen diversas versiones del «¿Qué hay hoy superimportante?». Podemos utilizar esa oportunidad para regresar continuamente al momento presente, en lugar de dejarnos atrapar por el torrente de pensamientos. Podemos conectar con nuestra motivación, tanto para discurrir dificultosamente a lo largo del día sin entablar peleas con los compañeros del trabajo, como para ayudar a un amigo tras una ruptura complicada, o si lo conseguimos, para intentar vivir la jornada con atención y discernimiento.

Tanto en el hinduismo como en el budismo, el sentido más genérico del término *mandala* es una especie de organigrama. A menudo, en el budismo, suele utilizarse el mandala como herramienta para representar una determinada figura del linaje o divinidad, que puede emplearse como objeto de meditación.

Esa divinidad ocupa el centro del mandala, y luego hay un círculo secundario que la rodea y que contiene el séquito de la misma. Rodeando a este segundo círculo hay otra capa de seres, luego otra y así, hasta que aparecen representados todos los seres sensibles.

Esos mandalas son simbólicos del mandala que creas por ti mismo sin ni siquiera darte cuenta. Todo aquello que podemos utilizar como motivación principal se encuentra en el centro. Digamos que se trata de una sensación de autoprotección frente a la posibilidad de sentirte disgustado. Si creas tu mandala con la noción de autoprotección en su núcleo, entonces, en la siguiente capa que lo rodee y desarrollarás los patrones habituales que te blindan de cualquier actividad perjudicial. Por ejemplo, no probarás cosas nuevas ni conocerás a gente nueva.

Fuera del espeso muro del mandala, hay otro círculo que probablemente incluya a la gente que ya participa en tu vida y que siempre te dice cosas agradables y te hace sentir bien. Luego está la capa externa que pudiera estar constituida por todos los lugares bonitos a los que vas siempre, y ese plato del menú que siempre pides para que así no te decepcione cambiar. Puedes ir creando capa tras capa a fin de ir formando tu identidad y estilo de vida alrededor de la autoprotección.

Diría que en Estados Unidos hay mucha gente que tiene, como centro de su mandala personal, aquello de "salir adelante en la vida". Eso puede manifestarse en hacer que su vida gire alrededor de su carrera profesional, conseguir la pareja perfecta o hallar la manera de enriquecerse rápidamente. Esa misma gente, tras pasar por un proceso de pruebas y tanteos, suele acabar decepcionada y dedicarse a buscar otra cosa. O bien no ha podido alcanzar su objetivo y se ha quemado, o bien lo ha alcanzado y está hambrienta de algo nuevo.

Imagina un mundo en que todos adoptasen la motivación de ser generosos y la convirtiesen en el núcleo de su mandala. Con la generosidad en tu núcleo, la siguiente capa podría estar constituida de ideas adecuadas acerca de cómo ofrecer tu tiempo, energía y dinero a la comunidad local. La siguiente capa podrían ser personas que fomentasen este comportamiento o bien receptores de tu generosidad, y así hasta ver que toda tu vida estuviese influenciada por la estructura de este mandala, y que eres una persona genuinamente generosa.

Regresando a nuestro amigo Danny Ocean, él ha situado en el centro de su mandala una cierta cantidad de ambición: organizar un robo tan ingenioso que le permita recuperar a su ex mujer. Así que en el centro del mandala de Danny Ocean tenemos el ganar cosas para sí mismo. Con ese fin, Danny crea un elaborado mandala de colegas, diversiones y timos que giran alrededor de esa motivación. Atrae a gente a su mandala con la promesa del dinero y finalmente gana su intensa y concentrada intención y sus años de preparación.

Por el contrario, mi amigo David dejó su trabajo hace unos años para montar una consultoría medioambiental. Tenía una sensación tan intensa de que el tema más importante de nuestra generación sería el calentamiento global que decidió educar a las personas en temas medioambientales. Luchó a través de dificultades económicas, desesperantes reuniones con publicitarios e inversores y, no obstante, nunca olvidó su motivación de beneficiar a la Madre Tierra.

La motivación de aumentar la conciencia acerca del movimiento Verde ocupaba el centro de su mandala, influyendo en su comportamiento diario y ayudándole, hasta el punto de que ahora puede comprobar los efectos de su trabajo con los demás. Aunque el trabajo tal vez nunca llegue a parecerse a lo que imaginara en principio, lo cierto es que ha tenido una profunda influencia en cientos e incluso miles de personas, que ahora han adoptado hábitos cotidianos para reducir su propia huella de carbono. Su intensa motivación para elevar la conciencia sobre temas medioambientales no solo ha conseguido hacer de su vida algo muy valioso, sino que también ha infectado a otras personas con la misma motivación, para educar y actuar en esos temas.

Lo interesante que tienen en común Danny Ocean y mi amigo David es que han provocado un efecto en quienes les rodean, aunque nunca forzaron de manera agresiva sus ideas sobre los demás. Contar con una motivación nuclear engendra una sensación de comodidad y pericia al trabajar con otros. Dejas que tu motivación resplandezca y los demás se sienten atraídos por tu pasión y compromiso.

Si algunas personas identificaran su motivación, podrían provocar importantes cambios en sus vidas. Un día podrías darte cuenta de que todo lo que quieres es dedicarte a criar pit bulls, y decidas que esa intención orientará tu vida durante un tiempo. Eso probablemente provocaría algunos cambios en casa. Sin embargo, si eso te proporciona una sensación de satisfacción, podrías vivir una larga vida volcada en el bienestar de los pit bulls. La cuestión es que has podido abrirte camino a través del fango de tu mente para identificar un camino que te da confianza.

Una amiga mía asistió a un programa de meditación y luego decidió que pasaría el resto de su vida dedicada a empeños espirituales, y que nunca más volvería a tener un empleo mundano. La mayoría de la gente diría: «¡Vaya! ¡Eso parece un poco más ennoblecedor que dedicarse a los perros!». A mi entender no hay nada inherentemente bueno o malo en ambas situaciones «es el pensamiento humano el que lo hace aparecer así».

Siempre que había estudiantes que planteaban a mis maestros espirituales preguntas acerca de importantes decisiones en la vida, me sorprendían sus respuestas. Una y otra vez les escuché decir que lo que hace que nuestra vida sea espiritual o mundana no es nuestra vocación, sino nuestras opiniones y creencias. Por ejemplo, si mi amiga, la que quiere entrar en el convento, lo quiere hacer para esconderse y no volver a trabajar, entonces tal vez no sea buena idea. Eso podría ser *antibodhisáttvico*; sería encerrarse y ocultarse de su vida. Si por el contrario, su creencia fuese cultivar la cordura y la compasión en su interior a fin de compartirlas con los demás, entonces tal vez debería probarlo. Lo importante al adoptar esa decisión es su punto de vista.

Pero muchos de nosotros no estamos en situación de poder levantarnos y abandonar nuestro trajín diario. Necesitamos mantener nuestro trabajo de 9:00 a 17:00 horas, y apenas podemos hallar tiempo para meter con calzador entre 10 y 20 minutos de meditación al día. Sin embargo, con la visión adecuada y la intención adecuada, podemos usar nuestra rutina cotidiana como marco referencial para vivir una vida espiritualmente satisfactoria.

Discernir, identificar y llevar a cabo nuestra motivación es algo que se dice muy pronto. Aunque pudiéramos desear aportar conciencia a las cosas que nos importan, solemos distraernos. Nuestra capacidad de prestar atención es débil, y podemos pasarnos todo el día sin cultivar aquello que queremos que ocupe el centro de nuestro mandala. No obstante, recordar la motivación y regresar a ella una y otra vez es una meditación tan válida como *shamatha*. A lo largo de la jornada, en lugar de regresar a la respiración, podemos regresar continuamente a qué es lo que queremos hacer con nuestra vida. Tanto si se trata de robar un casino como de aumentar la conciencia sobre el calentamiento global, pues siempre y cuando sigamos fieles a nuestra motivación, seguiremos en el camino.

Hace unos años, entraron en conflicto para mí las nociones del ladrón y el *bodhisattva*. Salía de la estación central de la ciudad de Nueva York cuando me di cuenta de que habían trasladado la parada de taxis a otro sitio debido a unas obras.

Se me acercó un hombre y se ofreció a llevarme a la parada, diciendo que era un interventor y que podía ayudarme a tomar un taxi al aeropuerto.

Paró un taxi y me pidió que le pagase la tarifa plana al aeropuerto. La cantidad me pareció algo excesiva, pero como tenía prisa le di el dinero. Metió la cabeza por la ventanilla y habló con el conductor, dando la impresión de que le daba el dinero a él mientras yo me introducía en el taxi. En cuanto cerré la portezuela, el tipo se marchó corriendo. Pregunté al chófer si le había dado el dinero y resultó que no. Me había timado. Abrí la portezuela del taxi y corrí tras aquel tipo, pero ya había desaparecido.

En las horas que duró mi vuelo a través del país, tuve mucho tiempo para pensar en aquella experiencia. Empecé compadeciéndome. Acababa de salir de la universidad y no tenía mucho dinero. Luego empecé a sentir rabia contra aquel hombre. ¿Quién se había creído que era para quedarse con mi dinero? Después comencé a pensar en todas las motivaciones que podría tener alguien para timar a los demás. Tal vez era un drogadicto en busca de dinero para su dosis. Durante un tiempo me obsesioné con esa posibilidad. Tal vez le habían despedido del trabajo sin posibilidad de encontrar otro y tenía hijos que alimentar.

Me di cuenta de que nunca llegaría a saber por qué había hecho aquello. Solo podía esperar que su intención fuese utilizar el dinero de una manera que beneficiase a otras personas además de a él mismo. Comprendí que me estaba dando una oportunidad de contemplar la vida de alguien que aparentemente no era tan afortunado como yo. Me sentí agradecido de lo que tenía y pude comprender que aquel hombre me había ayudado a regresar a mi motivación nuclear: intentar ayudar a los demás. Tras haber contemplado esa situación en muchas ocasiones desde entonces y habiendo aprendido muchas cosas sobre mí mismo gracias a esa experiencia, no puedo dejar de preguntarme si el hombre era un ladrón o un *bodhisattva* disfrazado.

Cuando empiezas a identificar qué aspectos de tu vida deseas cultivar y cuáles debes suprimir, aprendes mucho sobre ti mismo. Entonces puedes empezar a considerar cómo quieres orientar tu mente. ¿Quieres orientarla hacia tu carrera profesional? ¿Quieres orientarla para vivir una vida basada en la compasión? ¿Quieres orientarla a comprometer compasivamente tu trabajo actual? ¿Qué actividad te interesa? ¿Quieres dejar tu trabajo para concentrarte en criar a un hijo? ¿Quieres entrar en el camino monástico? ¿Quieres pasar más tiempo ocupándote de tu madre anciana?

Siendo inquisitivos con nuestra vida, podemos identificar cómo queremos seguir adelante. Podemos tomar nuestra motivación nuclear y convertirla en el centro de lo que somos. A partir de ahí, nos irradiaremos hacia los demás. Todas nuestras actividades estarán imbuidas de nuestra creencia central. Al hacerlo vivimos una vida de la que nos sentimos orgullosos, y una vida que tiene un efecto positivo en todos aquellos con los que entramos en contacto.

## 5. Muéstrate amable con tu síndrome del "Increíble Hulk"

Al cabo de un tiempo de meditar podemos empezar a ver algunas aberturas, algunos claros, en medio de nuestra cascada de pensamientos. Empezamos a darnos cuenta de que nuestra mente es fundamentalmente clara, abierta y neutral. Pero por muy estimulantes que pudieran ser esas experiencias, esos vislumbres de nuestro estado básico no suceden tan a menudo cuando somos meditadores novatos. Lo que suele manifestarse entonces es una gran cantidad de emociones intensas.

Lo interesante de las emociones es que, al igual que sucede con todos los pensamientos, nuestra práctica meditativa no las considera buenas ni malas. Son simplemente el despliegue energético de nuestra mente. Son pensamientos con muchísima energía sosteniéndolos. Cuando nos sentamos a meditar, puede que pensemos en nuestra próxima fiesta de cumpleaños, que confeccionemos una lista mental de actividades para el lunes por la mañana, que nos sumerjamos en alocadas fantasías acerca del camarero o la camarera de nuestra cafetería favorita, o que nos adormilemos porque la noche anterior nos fuimos a la cama a las dos de la madrugada. Como sucede con cualquier forma de pensamiento, los reconocemos delicadamente, como algo distinto de lo que se supone que estamos haciendo, y devolvemos la atención a la respiración.

Entonces surge una emoción muy intensa. Este tipo de emociones son más difíciles de manejar porque parecen increíblemente reales. Es como si poseyesen una presencia física en el cuerpo. Cuando sentimos cólera, ese pensamiento hace que se nos revuelva el estómago y se nos tensen los músculos. Cuando sentimos amor, nuestro ser experimenta cierta ligereza. Mi ejemplo favorito de emociones intensas es el desasosiego o angustia: cuando experimentamos el desasosiego, sentimos que desaparece la calma, que se nos parte el corazón. No resulta nada fácil etiquetar estas situaciones como "pensando" y apartarnos de ellas.

Lo primero que hemos de recordar es que esas emociones no son enemigas nuestras. Son experiencias fluidas y abiertas. Son la porquería que gira revuelta en un vaso de agua antes de asentarse en el fondo. Al igual que sucede en el vaso, tus emociones no siempre estarán activas en la superficie, a menos que las agites. En otras palabras, no son tus emociones intensas las que te causan problemas, sino el hecho de que te cuelgas de ellas.

Algunas personas creen equivocadamente que el término *iluminación* viene a significar algo así como un estado robótico en el que uno es incapaz de sentir ninguna emoción. Los grandes maestros de meditación que he conocido son cualquier cosa menos robots. Sienten mucho las emociones, pero no se obsesionan con ellas. Pueden sentir mucho amor o bien pérdida, pero no se cuelgan de la emoción hasta el punto de que les consume. Han aprendido a no utilizar la cuchara de remover.

La mayoría de nosotros apenas observamos nuestro estado emocional en profundidad, y por eso nos colgamos con facilidad cuando emerge algo como la cólera. Fijémonos en el Increíble Hulk, la Masa, por ejemplo. Bruce Banner, el personaje del cómic, es un científico de maneras suaves, pero cuando se enfurece se convierte en un gigante verde encolerizado, en un monstruo. Bruce podía vivir cualquier jornada la mar de tranquilo hasta que se daba un golpe en el dedo pequeño del pie, que representaba la gota que hacía rebosar el vaso de aquel día y de repente se ponía enorme, destrozaba su ropa y arrasaba la cocina, por poner un ejemplo.

Esa es una manera de dejarse llevar por las emociones que provoca mucho daño. No obstante, si Bruce hubiera aprendido a pararse un momento y sentir el dolorcito de aplastarse el dedo pero sin dejarse arrastrar por el ciclo colérico, si hubiera podido pensar en todos los problemas que eso provocaría, probablemente no habría perdido tantos depósitos por daños de los pisos que alquilaba y reventaba.

## *Kleshas*

En sánscrito existe una palabra para el síndrome del "Increíble Hulk": *klesha*, que podría traducirse como "emoción aflictiva". Es la sensación de que cuando te atrapa una emoción intensa tu mente gira fuera de control. Tradicionalmente, los *kleshas* se manifiestan de cinco maneras. Se trata de una sensación de bloqueo de:

1. Pasión o apego
2. Agresividad
3. Ignorancia o prejuicio
4. Orgullo
5. Celos

Todos hemos experimentado esas cinco emociones, y sabemos lo doloroso que puede resultar cuando nos atrapan. Si no podemos pensar en nada más resultan paralizantes.

A veces es posible experimentar esas cinco emociones paralizantes de manera simultánea. Cuando es un mensaje de texto que te comunica que el ligue para esta noche no tiene tiempo, puedes experimentar un torbellino de emociones. Tal vez pienses: «Quería probar a ver, pero veo que me siento rechazada. Así que se joda. Yo soy maravillosa. Y él es un imbécil. Pero no quiero que salga con nadie más que conmigo».

Analicemos ese despliegue del síndrome del "Increíble Hulk", o *klesha*. Hasta el momento estabas paralizada de deseo por ese tipo. Pero entonces recibes el mensaje y tu mente se revolucionó, se pasó de vueltas. En lugar de pescarte en el momento previo a que empezase toda esa locura, te dejaste llevar por la peor de las hipótesis: «Es por mi culpa». Te sentiste rechazada y eso te condujo a la cólera. «Que se joda». Luego, a fin de mitigar el dolor, saltaste a otra forma de *klesha*, al prejuicio: «Es un imbécil». Tenías que proteger tu vanidad, así que volviste a saltar al orgullo: «Yo soy maravillosa». Y remataste la faena con los celos, como si estuvieses tratando de coleccionar el juego completo de *kleshas*: «Pero no quiero que salga con nadie más que conmigo». Llegados a ese punto ya eres una giganta verde dando coces a los árboles.

Si te hubieras pescado antes de entrar en esa espiral viciosa, habrías podido responder de manera más suave a esa persona, salvando así el potencial para futuras interacciones o citas. No es algo imposible. La formación básica de pescarte antes de dejarte enganchar por las emociones aflictivas es –sorpresa, sorpresa– la práctica de la meditación.

Cuando nos encontramos en el cojín de meditación y una emoción intensa asoma la cabeza, lo primero que hay que hacer es recordar en qué estamos: aprendiendo a estar presente con nuestro despliegue emocional, y no dejarnos atrapar por él. Si piensas en lo cabreado que estás porque tu jefa te ha hecho quedar hasta tarde en el trabajo un día tras otro, entonces intenta regresar a la respiración. Observa si eso funciona. Fíjate en si esa emoción vuelve a surgir, y de hacerlo, si es más intensa.

Intenta dejar de lado la línea argumental del porqué de quedarte hasta tarde y limítate a sentir la emoción subyacente.

Como estás tan habituado a dejarte llevar por las emociones, tal vez te resulte muy difícil regresar a la experiencia presente. En ese caso, dedica un minuto a la práctica de la contemplación para observar la situación. Piensa para ti mismo: «¿Por qué me sienta tan mal que la jefa me haga quedar hasta tan tarde? ¡Si ni siquiera está aquí! No es en eso en lo que quiero concentrarme ahora». Luego intenta devolver la atención a la respiración.

Tal vez no te funcione. Si eso ocurre, entonces detén tu práctica meditativa y trata de buscar la localización física de tu cólera. Es importante no lanzarse a un análisis pormenorizado de cualquier molestia corporal. Determina un plazo de tiempo, igual cinco minutos, y al final de ese plazo regresa a la práctica de *shamatha*.

Pero durante esos cinco minutos, intenta identificar dónde reside la cólera en tu cuerpo. ¿En los músculos de los brazos? ¿En la boca del estómago? ¿En la cabeza? ¿Es sólida o fluida? ¿Tiene color? ¿Forma? Ese tipo de análisis puede ayudarte a darte cuenta de que la emoción no está tan atascada ni es tan sólida como parecía al principio.

Si nada de todo esto te ayuda, entonces tal vez no sea el mejor momento para meditar. Intenta hacer algo que te relaje físicamente y que como resultado también sosiegue la mente. Puedes darte una ducha caliente, dar un paseo o beber una taza de té caliente. Luego, una vez que te sientas más seguro, intenta volver al cojín de meditación. Mi maestro raíz, Sakyong Mipham Rimpoché, encabeza el linaje budista Shambhala. Suele decir: «Saber cuándo podemos meditar es una meditación honesta». Aplicar el método correcto a fin de trabajar con tu descalabro emocional es sinónimo de aplicar la delicadeza del tigre.

A través de la práctica de la meditación, trabajamos con la energía de la emoción como una experiencia transformadora. Estamos empezando a conocer nuestras emociones. No debemos saltar inmediatamente del cojín cuando sintamos que nuestra práctica se torna demasiado intensa y dedicarnos a seguir la línea de actuación que nos marcan las emociones. De la misma manera, tampoco debemos rechazar a las primeras de cambio nuestras emociones ni considerarlas como aspectos negativos de la mente. Reposar delicadamente en nuestro estado emocional es el camino intermedio entre ambos extremos. Aprendemos a considerar las emociones como reflejos de nuestra mente al permanecer siempre con su energía.

## Renuncia

Aunque el cojín de meditación es el principal campo de pruebas para aprender acerca de nuestros estados emocionales, es importante reflexionar acerca de la manera en que las emociones nos afectan durante las más de 23 horas del día en que no estamos meditando. Estamos muy acostumbrados a actuar siguiendo cualquier emoción que aparece en nuestras mentes. Eso significa que somos rápidos a la hora de responder a una burla o si nos sentimos amenazados. En la mayoría de las ocasiones, perjudicamos a alguien cuando permitimos que nuestras emociones nos dominen como si fuésemos un perro con correa.

Por fortuna, al igual que un perro travieso, también podemos plantarnos y decir: «No». Podemos ejercer la renuncia. Aplicando la delicadeza del tigre, podemos captar cuándo surge un impulso y practicar la benevolencia al no reaccionar siguiendo el impulso inmediatamente. Podemos aprovechar la misma abertura que experimentamos en la práctica de la meditación, y regresar al momento presente. Así que si nos fijamos en un modelito nuevo que no podemos permitirnos, lo más sensato no es actuar de acuerdo con nuestro anhelo. Si lo hiciéramos, nuestra cuenta bancaria acabaría en descubierto, nuestros amigos tendrían que pagarnos la cena y a la larga todos nos sentiríamos mal.

La renuncia es un principio del budismo que suele malentenderse. No se trata de que debamos renunciar a todos los aspectos placenteros de la vida para pasar a vivir una existencia rancia y aburrida. Se trata de que cuando aplicamos el discernimiento del tigre a nuestra vida, podemos ver qué aspectos queremos cultivar y cuáles rechazar. A partir de ahí, podemos desenredar delicadamente los aspectos de nuestra vida que comprendemos que nos perjudican.

Cuando nos encontramos con alguien que nos pone de los nervios, renunciar significa que hemos aprendido que dejarnos llevar por los estallidos emocionales no hace más que añadir tensión a la relación. En lugar de ello, cortamos ese potencial enganche emocional y lo saludamos con amabilidad, o si eso no es posible, nos alejamos del estallido que se aproxima. En cualquier caso, estaremos reconociendo nuestro estado emocional, aunque sin dejarnos enganchar hasta el punto de que causemos perjuicio.

La capacidad para permanecer presente con nuestras emociones intensas es un resultado directo de nuestra formación en la delicadeza del tigre. A nivel externo no permites que la emoción tome las riendas, que es todo un detalle para contigo mismo y para aquellos con quienes interactúas. Sí, de acuerdo, se trata, como mucho, de una solución temporal. La emoción volverá a aparecer. Por eso, a nivel interno, trabajamos para desarrollar una relación con pautas emocionales a través de la delicadeza de la práctica de la meditación.

Aplicando la cualidad de ser cordial contigo mismo, aprendes a no rechazar tu experiencia actual. Puedes estar presente y aprender desde la emoción. Con el tiempo, tu capacidad para estar presente modifica la manera en que te relacionas con las emociones. No tienes por qué temerlas ni dejarte atrapar por ellas, sino que en lugar de eso puedes permanecer presente con su energía subyacente, sin estar en conflicto contigo mismo.

## Ejercicio por escrito para trabajar con las emociones

En el pasado, cuando me enfrentaba a una emoción intensa que se me llevaba por delante, me solía ser de gran ayuda esta contemplación:

1. Medita durante diez minutos y sé consciente de lo que se manifiesta.
2. Tras dejar de meditar, identifica la experiencia emocional principal que se manifestó durante la meditación. Quizá la emoción surgió a causa de una situación reciente, o tal vez se debiera a una del pasado.
3. Siéntate y escribe sobre la situación. Describe cómo te hace sentir. No digas simplemente "alterado", "nervioso" o "molesto". Profundiza y describe las características de la emoción que sientes. Obsérvala de verdad y explórala.
4. Deja el bolígrafo y dirige tu atención al cuerpo. ¿Te parece que te sientes bien físicamente? ¿Está presente la emoción? Si es así, ¿dónde reside en tu cuerpo? ¿Puedes soportar esa sensación o resulta demasiado dolorosa?
5. Escribe un poco sobre cómo sientes la emoción ahora mismo. A la hora de examinar la diferencia entre la experiencia de la emoción durante la meditación y luego, sé moderado, pero inquisitivo.
6. Regresa al cojín y siéntate otros cinco o diez minutos. Observa si la emoción vuelve a manifestarse y prueba con las técnicas

mencionadas anteriormente en este capítulo para examinarla con mayor detalle.

Sea lo que fuere lo que surja durante el ejercicio escrito, recuerda que deberás mostrarte delicado y amable contigo mismo.

Si meditamos regularmente y nos esforzamos en trabajar con las emociones, pero sigue pareciéndonos que luchamos con ellas y que nos atrapan, entonces hay que ser paciente y recordar que los cambios internos no suceden de la noche a la mañana. A través de un examen atento de nuestro estado emocional aprendemos lecciones muy valiosas acerca de cómo nos dejamos atrapar por el síndrome del "Increíble Hulk" y lo que nos permitirá evitar esas trampas en el futuro.

# 6. La ocasión es en este momento

«Al practicar meditación, no intentamos estar a la altura de algún tipo de ideal. Más bien al contrario. Estamos con nuestra experiencia, sea la que sea.»

PEMA CHÖDRÖN

La meditación es un proceso de autodescubrimiento. El objetivo no debe ser intentar alcanzar un estado de perfección añadiendo algo encima de lo que ya somos. Aprendemos a ser el ser perfecto que ya somos. Poseemos una bondad fundamental, pero nos hemos envuelto en tantas capas de confusión y pautas habituales que resulta difícil acordarse de ello.

Esas capas de confusión se manifiestan como el millón de maneras en que nos cerramos a nuestra experiencia presente y dividimos el mundo entre "nosotros" y "ellos". En el momento en que nos tenemos que ver haciendo una larga cola en el aeropuerto, pensamos: «Pero ¿quién lleva todo esto? Deberían haber previsto que vendría mucha gente; las reservas se hacen con mucha antelación. ¿Cómo puede haberles cogido desprevenidos?». La palabra oculta clave en esa frase es "ellos". Tú tienes razón y "ellos" están equivocados. Ese amorfo "ellos" siempre está equivocado.

La cuestión es que cuando llegamos al final de esa cola y nos encontramos frente a una empleada de las líneas aéreas agotada que intenta meter a todo el mundo en su vuelo, nuestro corazón se ablanda. Ese "ellos" ya no es tan amorfo. Ahora es esta pobre mujer que intenta ser amable con nosotros. Cuando apartamos la mente de la molestia y la llevamos al presente, nos damos cuenta de que hay otra gente que sufre como nosotros. Todo el mundo intenta llegar a su vuelo. Esta mujer lo está haciendo lo mejor que puede. La manera de ayudar en una situación así es permanecer presente y ofrecer tu ayuda. Como eres básicamente bueno, es mucho lo que puedes ofrecer.

La cualidad de precisión encarnada por el tigre puede desempeñar un papel en esta situación. Al igual que sucede con otros elementos a la hora de seguir el ejemplo del tigre, regresamos a una idea fundamental: estar presente en cada detalle de nuestra vida. Siempre estamos distrayendo nuestra mente con algo, sea prepararnos para la pausa de la comida, pensar en la ropa que queremos comprar, cuánto más debemos seguir corriendo… Dirijamos nuestra mente a lo que sucede ahora mismo.

Hasta el momento hemos hablado de la práctica formal de la meditación, como de una ocasión en que dirigimos la mente a la respiración y la utilizamos para anclarnos en el momento presente. Sakyong Mipham Rimpoché suele bromear diciendo que si no introducimos cierto sentido de la disciplina durante nuestra práctica formal de meditación podríamos estar simplemente sentados esperando el autobús. En ambos casos estamos observando lo que sucede a nuestro alrededor, solo cambia el lugar.

Para invertir ese escenario, estar sentados esperando el autobús podría ser una oportunidad para destinar unos minutos a la meditación de *shamatha*. Aunque seguramente será más ruidosa que nuestra práctica en casa, es una buena manera de sentirse bien asentado en medio de un día ajetreado.

Prácticamente todo en nuestra rutina cotidiana puede convertirse en una práctica meditativa. No necesitamos dejar de hacer lo que estamos haciendo cada cinco minutos para regresar a la respiración. Podemos hacer atentamente cualquiera de nuestras actividades rutinarias. Podemos dirigir nuestra mente al hecho de que nos estamos peinando y hacerlo, en lugar de pasarnos el peine mientras pensamos en otra cosa. Podemos vestirnos con delicadeza por las mañanas y deleitarnos en el proceso, en lugar de estar pensando en lo que tenemos que hacer a lo largo del día. Al final de la jornada, podemos cepillarnos los dientes y hacerlo bien, en lugar de recordar los diversos episodios acontecidos ese día.

Cuando sintonizamos con nuestra vida, puede que nos sorprenda la satisfacción que sentimos. Tal y como dijo Chögyam Trungpa Rimpoché en una ocasión:

«El modo de experimentar el presente es ver que este preciso momento, este punto preciso de tu vida, es siempre la ocasión. Así que considerar dónde estás y qué eres, en el momento, es muy importante. Esa es una razón por la que tu situación familiar, tu vida cotidiana doméstica, es tan importante. Debes considerar tu casa como un lugar sagrado, como una oportunidad de oro para experimentar el presente. Apreciar la sacralidad empieza simplemente con interesarse en todos los detalles de tu vida».

Aplicar la precisión del tigre puede aparecer como sentirse orgulloso de los aspectos más básicos de nuestra vida. De vez en cuando me gusta disfrutar de un buen bistec. En concreto, disfruto yendo al mercado, eligiendo la carne, llevándola a casa, preparándola, estando conectado con el bistec mientras se hace, dejándolo reposar unos instantes y luego comiéndomelo lentamente. Aunque preparar una comida es algo bastante normal para muchos de nosotros, creo que no obtendría la misma satisfacción comiéndome un bistec en un restaurante. Concentrar mi mente en la precisión y la atención de preparar la comida es lo que me permite disfrutarla tanto.

Si permitimos que la precisión del tigre impregne las actividades básicas de nuestra vida, como vestirnos por la mañana o preparar la cena, entonces nuestra actitud cambiará. Tal y como escribió Chögyam Trungpa Rimpoché, empezamos considerando nuestro mundo como algo sagrado. Tomamos lo ordinario y, al apreciarlo, lo convertimos en extraordinario. El "extra" procede del hecho simple de que apreciamos las cosas tal y como son. Impregnamos las distintas partes de nuestra jornada con una sensación de lo sagrado al considerar cada actividad digna de nuestra atención concentrada.

Estar presente al preparar una buena comida es una práctica de meditación informal, pero sigue siendo buena. En cuanto a nuestra práctica formal de *shamatha*, la utilizamos para atravesar la mente fija. Nos tomamos un respiro respecto de nuestro bucle habitual de pensamientos que tiene lugar en nuestra mente. Nos tomamos un respiro con respecto a estar siempre pendientes del "mí".

Gran parte de nuestro dolor procede de considerar la vida con una mentalidad de "mí" contra "el mundo". Creemos que hemos de abrirnos paso luchando a través de la jornada, pensando que si no hacemos que nuestra presencia se note, la gente se nos llevará por delante. Pasamos gran parte del día perdidos en pensamientos acerca de lo que hemos de hacer porque tememos pifiarla. Esa puede ser una manera de vivir agotadora.

Es necesario que relajemos nuestras suposiciones y expectativas. Tratar nuestro mundo como algo sagrado es una manera de poder relajarnos. Puede resultar refrescante hacer un paréntesis y limitarnos a estar presentes con el mundo que nos rodea, experimentando la belleza de nuestra vida. Podemos estar presente en nuestros desplazamientos cotidianos, y disfrutar observando a dos niños bailando en el metro. Esta experiencia nos anima. No es necesario que vayamos a ver a la *troupe* de baile más exótica del mundo; podemos apreciar la que tenemos frente a nosotros.

Al formarnos para ser precisos y estar presentes, pueden surgir situaciones difíciles. Nuestra vida no se compone únicamente de bistecs y niños bailando. También es enfermedad, traición y muerte. Para la mayoría de nosotros, la respuesta habitual al observar esos aspectos de nuestra vida es cerrarnos. Queremos decir: «Eso no es para mí. Dirigiré mi mente a otras cosas más agradables hasta que la situación se resuelva por sí misma».

Todos contamos con vías de escape. Algunos miramos la televisión, otros nos mordemos las uñas y algunos nos drogamos. Sin embargo, cuando nos evadimos para tratar de tapar una situación difícil, incluso llevando a cabo una labor estupenda, el dolor sigue ahí. Está esperando en el momento presente para salirnos al paso.

Esta meditación que hemos estado practicando tiene por objeto precisamente ese escenario. Se parece a cuando Rocky intenta subir las escaleras del Museo de Arte de Filadelfia. Lo intenta y lo intenta, y en un momento dado de la película piensas: «Pero ¿esto qué es? Ya llevan con esto mucho tiempo». Luego entra en el ring con Apollo Creed y tiene que enfrentarse a la realidad para la que estuvo entrenándose. Ahí es cuando la película se pone interesante.

Nuestra vida no es muy distinta. Cuando nos sentamos durante 10 o 20 minutos al día, estamos entrenando. Recorremos los escalones de nuestra mente. Para que no pensemos que nuestra práctica es aburrida, aparecerá algún dolor nuevo que nos despertará de nuestra rutina habitual. Puede que contestemos a una llamada telefónica en mitad de la noche y nos enteremos de que han llevado a nuestro padre al hospital porque ha sufrido un infarto. En ese momento hemos de entrar en el ring con nuestro dolor. Hemos de hacerle frente de cara, como guerreros.

Lo gracioso es que la mejor manera de dejar fuera de combate al dolor que sentimos es no hacer nada. En lugar de encolerizarnos con el dolor o darle la espalda, todo lo que hemos de hacer es estar presentes en lo que sentimos. Nuestro dolor puede machacarnos con varios ganchos al vientre. Puede que tengamos ganas de vomitar. No obstante, si podemos estar presentes en el dolor, este acaba agotándose. Flaquea, vacila y finalmente cae redondo. Si no nos revolcamos en el dolor, sino que nos permitimos sentirlo, recorreremos un íntimo proceso de curación. El dolor nos desborda como una ola, y luego salimos al otro extremo sanos y salvos, y sintiéndonos mejor.

El guerrero que encarna al tigre comprende que a veces lo mejor que puede hacerse en una situación es no hacer nada. Cuando tu padre se echa a llorar porque teme morir, lo más compasivo que puedes hacer no es confeccionar una lista mental acerca de cómo debería modificar su dieta para prevenir otro infarto. Tu padre puede necesitar desahogarse, y lo más delicado que se puede hacer es sentarse y escuchar.

Escuchar es un arte perdido en nuestra sociedad. El tigre sabe cómo hacerlo. Puede permanecer inmóvil y escuchar los sonidos de la selva durante mucho tiempo. Luego, conociendo ya bien la zona, sabe exactamente dónde y cómo saltar. También nosotros podemos escuchar más a la gente que nos importa y aprender cuándo es apropiado actuar o no actuar, que podría ser la opción más delicada.

Tal vez te encuentres con alguien que haya entrado en el proceso de morir. En ese momento quizás desees salir corriendo y adquirir para el moribundo todo tipo de revistas y entretenimiento para que ninguno de los dos tenga que aceptar la situación de manera real. Esa tapadera emocional solo dificulta el proceso. En lugar de ello puedes aprender del ejemplo del tigre y no hacer nada más que estar presente y ser preciso con esa persona. Puedes sentarte a su lado y cogerle de la mano. Podéis hablar de su experiencia. Puedes ofrecerte a ti mismo al completo, tal y como eres. Esa es una delicadeza genuina.

Tanto si nos enfrentamos a una situación agradable, dolorosa o incluso mundana, podemos transformarla en un momento sagrado con solo estar presentes. No siempre hemos de cerrarnos y dar la espalda al mundo. Podemos aceptarlo como el campo de pruebas del guerrero. Siendo precisos en nuestras acciones y entrenándonos en el arte de no tener que arreglarlo todo, podemos entrar en contacto con nuestra bondad fundamental.

La confianza en nuestra bondad resplandece como una luz en una oscura caverna. Esta forma de confianza en nosotros mismos y en la sacralidad de nuestro mundo es la manifestación de nuestra propia perfección. Esa confianza siempre ha estado ahí, pero ahora, finalmente, permitimos que resplandezca.

# 7. Ocúpate de los detalles de tu vida

Hasta el momento hemos hablado acerca de relacionarnos con nuestra mente en y fuera del cojín. Pero ¿qué pasa con las aplicaciones prácticas de nuestra disciplina? ¿Cómo pueden las cualidades del tigre ayudarnos en nuestro trabajo de 9:00 a 17:00 horas, en nuestra casa, ropa, dinero, cuerpo y viajes? Exploremos en profundidad las maneras fundamentales en que podemos aplicar estas enseñanzas.

## Trabajo

Casi todo el mundo experimenta un elevado nivel de estrés y presión debido al trabajo o los estudios. En ocasiones, la presión aumenta hasta alcanzar un punto de ebullición y a alguien "se le va la olla". La antigua instrucción budista para hacer frente a la agresividad en nuestras vidas es darle mucho espacio.

Imagínate un toro en un redil en un rodeo. Cuando se le provoca, se encoleriza. Su reacción es revolverse y ponerse bronco. Quien luego intente montar un toro así lo tendrá muy difícil. Sin embargo, si llevas a un toro a un espacio abierto y lo dejas tranquilo, correrá hasta que se agote.

Todos somos como ese toro. Cuando tu compañero de trabajo o de clase está cabreado, tienes dos opciones. Una es meterte en la situación y comprobar durante cuánto tiempo podrás montar al toro antes de que te lance por encima de los cuernos. La otra es darle mucho espacio para que se exprese hasta que se agote.

El guerrero que encarna la delicadeza del tigre tiene fe en esta disciplina. Esa fe procede de la experiencia. Puedes probar por ti mismo y ver si funciona. Si alguien pierde los papeles delante de ti, puedes decir: «Vaya. Mejor que te vayas con ojo. Si no dejas de atosigarme, seré cada vez más amable contigo. ¡Y estoy seguro de que no te gustaría verme así!». Esa es la antítesis de aceptar incondicionalmente la versión del síndrome del "Increíble Hulk". La persona puede saltar y gritar y ponerse histérica, pero tú simplemente estarás allí. Cuentas con energía ilimitada para hacer frente a esas situaciones difíciles al menos mientras no muerdas el anzuelo que te ofrecen las emociones intensas y te abstengas de reaccionar.

## Casa

Muchos consideramos que nuestro hogar es un escondite, una fortaleza de soledad donde podemos prescindir de ser atentos y amables. Es nuestra evasión. El camino de la meditación nos enseña que tal cosa no existe. Si de verdad queremos crecer como seres humanos, debemos considerar todos los entornos en los que nos movemos, incluyendo nuestra casa, como un terreno de pruebas.

Cuando se empieza a recorrer el camino de la meditación, resulta útil crear un entorno que fomente la cualidad de la atención en nuestro ser. Existe un término tibetano, *drala*, que puede traducirse como "energía por encima de la agresividad", que es inherente a nuestro ser y nuestro entorno. Está presente cuando prestamos atención a lo que sucede a nuestro alrededor. Es la energía que experimentamos cuando no estamos sintonizados con nuestra charla y agresividad internas, sino armonizados con el entorno.

Dedica unos instantes a pensar cómo te sientes al despertarte por la mañana y comprobar que en tu habitación está todo manga por hombro. Te diriges al cuarto de baño dando traspiés y mientras evitas un montón de ropa que hay tirada por el suelo, tropiezas con tu portátil, enviándolo de una patada involuntaria al otro extremo de la habitación. Te maldices a ti mismo, y eso que llevas despierto tan solo un par de minutos.

Ahora visualiza despertarte en una habitación inmaculada. Te diriges despreocupadamente hacia el cuarto de baño, te miras en un espejo limpio y sonríes. *Drala* es la energía que se produce cuando te has ocupado de los detalles de tu vida, de manera que todo cuente con cierta luminiscencia.

Igual que el tigre, también nosotros podemos ser precisos con nuestro entorno, y así experimentar la majestad de estar al mando. En casa podemos ocuparnos de miles de pequeños detalles que aportarán una sensación de dignidad al lugar en que pasamos nuestro tiempo. Mira tu dormitorio. No es ninguna sorpresa que invertir en enmarcar fotos u obras de arte insufla vida al espacio. Sabes que la habitación parece más espaciosa si la ropa está ordenada y las sábanas ajustadas en la cama, en lugar de conformar un montón en el suelo.

Son actos sencillos, pero a menudo carecemos de disciplina para llevarlos a cabo. Dirigir la atención a nuestro hogar y crear un entorno sagrado nos ennoblece y permite que nuestra práctica de la atención fluya con suavidad.

## Ropa

Otra forma de magnetizar energía *drala* es con la ropa que llevamos. Las revistas nos enseñan ahora que si quieres tener buena pinta debes invertir varios miles de dólares en fondo de armario. Pero no es así. Si observas a cualquiera de los grandes maestros tibetanos, verás que tienen una apariencia radiante, incluso con ropa muy sencilla. Esta luminosidad se conoce en la tradición tibetana como *ziji*, que se puede traducir como "confianza luminosa". La apariencia noble y digna de esos maestros tiene su origen en la confianza que sienten en su propia bondad fundamental.

Puedes aplicar las cualidades del tigre para obtener una apariencia radiante. El tigre inspecciona su paisaje y elige cuidadosamente su actividad. Tú puedes inspeccionar tu armario, ver lo que te gustaría comprar y salir a comprarlo. Pero también puedes introducir discernimiento en tus compras y elegir bonitas prendas que te resulten asequibles. Puedes tener en cuenta el tejido y el trabajo de cada prenda. Cuando utilizamos ese nivel de esmero, nos sentimos bien con nuestras elecciones. No nos sentimos culpables, porque no estamos agotando el crédito de nuestra tarjeta al comprar cosas innecesarias. Aportamos una sensación de satisfacción a nuestra vida al completar una jornada de compras utilizando la atención plena.

Al vestirnos podemos enorgullecernos de nuestra apariencia y hacerlo según requiera la ocasión. Podemos hacernos responsables de nuestra apariencia y afeitarnos, depilarnos y acicalarnos adecuadamente. Ya no somos niños. Nuestras madres no aparecerán de la nada para asegurarse de que tenemos buen aspecto. El que podamos sentirnos orgullosos de cómo nos presentamos ante el mundo depende ahora de nosotros.

Cuando realizo un retiro solitario, siempre llevo ropa que está bien. Aunque nadie más me verá, me siento feliz al ponérmela por la mañana. Cuando me contemplo en el espejo, me anima observar la limpieza y vivacidad de los colores. No hay que vestirse para impresionar a los demás. Intenta vestirte para ennoblecerte a ti mismo.

## Dinero

Circula el malentendido de que como meditadores se supone que no debemos preocuparnos del dinero. Nuestra espiritualidad es una cosa, y cómo nos ganamos el pan es otra. Pero no es así. Si crees que puedes aplicar estas enseñanzas solo a aspectos parciales de tu vida, te estás equivocando. Tienes una responsabilidad para contigo mismo de investigar tu relación con el dinero.

He conocido a muchas personas que se relacionan bien con su dinero. Demasiados de nosotros vamos al cajero automático, sacamos algo de dinero y tiramos enseguida el recibo para no tener que hacer frente a la realidad del saldo restante. Luego tomamos la cantidad de dinero que nos ha dado la máquina y nos lo gastamos sin poner demasiada atención. Pasan dos días y nos preguntamos dónde han ido a parar aquellos 200 dólares. Esa es una señal que apunta a una relación malsana con el dinero, y con el tiempo este comportamiento nos reportará frustración y autocrítica.

También puedes cultivar una actitud inofensiva, carente de agresividad, respecto de una realidad económica. Puedes empezar a dejar de ignorar cómo te sientes al respecto y aplicar el discernimiento, la delicadeza y la precisión del tigre a tu relación con el dinero.

El primer paso es aplicar una afable curiosidad y atención a tu situación económica a fin de verla con más claridad. Puedes contemplar tu intención acerca de cómo quieres gastarte el dinero. A partir de ahí, aplica el discernimiento del tigre para determinar qué tendencias deseas cultivar y cuáles rechazar. Puedes echar un vistazo a tu extracto de cuenta y perfilar un presupuesto. Sé amable contigo mismo; que no te entre un ataque de pánico si gastas demasiado un día. Aprende de esa experiencia y sigue adelante.

Al ir explorando nuestra relación con el dinero, desarrollamos más conciencia y delicadeza por nosotros mismos. Hemos visto que con un poco de esfuerzo podemos estar al tanto de nuestra economía y equilibrar los gastos. Ya no hay que seguir temiendo al dinero, pues lo hemos convertido en parte de nuestro camino.

## Cuerpo

El tigre está totalmente armonizado con su cuerpo. Si alguna vez has visto alguno de cerca, te habrás dado cuenta de lo a gusto que se encuentra en su piel. Es así porque sabe lo importante que es ocuparse de su bienestar físico.

Imagina despertarte por la mañana tras haber dormido poco y darte cuenta de que ya vas tarde. No hay tiempo para tu sesión matinal de meditación acostumbrada. Saltas de la cama, te vistes a todo correr y sales disparado hacia el trabajo, donde te esfuerzas tanto que te olvidas de la hora de comer, regresas a casa al final de la jornada y te caes redondo en el sofá, exhausto. Habías pensado ir al gimnasio después de trabajar, pero ahora mismo tu energía está a cero. Te quedas alelado, en plan zombi, el resto de la noche y luego acabas yéndote a la cama a las tantas, repitiendo el ciclo al día siguiente.

¿Te suena? La razón por la que careces de energía mental o física es porque no te ocupaste del cuerpo. Por muy llamativos que puedan parecer los anuncios de bebidas energéticas, no hay líquido que consiga que acabes una jornada agotadora sin despeinarte y lleno de energía. Solo puedes conseguirlo ocupándote adecuadamente de ti mismo.

Una manera de sobrevivir al ajetreo de la jornada es incluir lo que se denominan las cuatro alegrías. Ocuparnos de esos cuatro aspectos de la vida nos proporciona la energía necesaria para gestionar todo lo que nos salga al paso. Son:

1. Comer
2. Dormir
3. Meditar
4. Hacer ejercicio

Aunque esas cuatro acciones son pan comido, la mayoría de nosotros nos saltamos comidas o escatimamos horas de sueño, creyendo que no pasa nada. Es como si creyésemos que el cuerpo no va a darse cuenta. No dejamos de repetir: «Mañana dormiré más, comeré mejor, meditaré, haré ejercicio…». Al cabo de meses de «mañana...», nos damos cuenta de que se nos acaban los días. Hemos de ocuparnos del cuerpo hoy mismo.

El truco consiste en hallar la manera de reducir el ritmo para incluir las cuatro alegrías, y lo que es más importante, apreciarlas. Si sabes que siempre tienes mañanas muy ajetreadas, puedes aplicar discernimiento para saber cuándo debes ir al supermercado. Para desayunar puedes elegir alimentos que no debas cocinar, como un plátano o cereales, para que no tengas excusa de no comer al levantarte. Aunque te limites a una barra de cereales y te la comas en el metro, intenta dirigir la atención a degustar la comida, y no solo a cumplir con el expediente.

Todos sabemos más o menos cuánto tiempo necesitamos dormir, pero o bien nos damos gato por liebre hasta que acabamos hechos polvo, o bien empezamos a ir por ahí como aturdidos. En cualquier caso, volvemos a estar zombis. Una vez que resolvemos cuántas horas de sueño necesitamos, podemos aplicar cierta disciplina y reducir otras actividades para asegurarnos de que nos estamos ocupando de nuestras necesidades básicas.

Lo ideal sería que saltásemos de la cama por la mañana y meditásemos durante una hora antes de ir a trabajar. Eso no sucede muy a menudo. Pero si consigues incluir diez minutos antes de correr hacia tu rutina cotidiana, o diez minutos nada más regresar a casa por la noche, recortarás la velocidad de tu vida diaria y te energetizarás para poder seguir adelante y atender a todo lo que sucede.

Hacer ejercicio es esforzar el cuerpo de otra manera distinta a nuestra actividad normal. La mayoría nos pasamos el día sentados. Levantarse para salir a correr es ofrecerse un regalo a uno mismo. Nos liberamos de la apatía y damos paso a una sensación de energía en medio de la jornada. Ir a correr también puede liberarte del hábito de estar continuamente dándole vueltas a la cabeza.

Si resulta que no dispones de tiempo para correr o ir al gimnasio, haz algo sencillo. Si sabes yoga, puedes levantarte del escritorio y llevar a cabo algunas posturas sencillas. Si el yoga no es lo tuyo, entonces haz estiramientos y da algunos saltos de tijera. Ejercitar diariamente el cuerpo, aunque solo sean cinco minutos, proporciona mucha más energía que todo el Red Bull del mundo.

Aunque estas cuatro alegrías son enormemente sencillas, incluirlas todas en tu jornada te proporciona la energía para ir por la vida con confianza e interés.

## Viajes

«Que aquellos que se extravían y van perdidos
por tierras remotas encuentren compañeros de viaje.
Y que, a salvo de la amenaza de ladrones y de bestias salvajes,
sean incansables y su viaje ligero.»

SHANTIDEVA

Para muchos de nosotros, viajar es una experiencia angustiosa. Uno de mis maestros, Khenpo Tsultrim Gyamtso Rimpoché, señaló en una ocasión que cuando era niño a la gente no le gustaba viajar, y eso que no se veían enfrentados al miedo de volar por los aires y morir en masa. Esa reflexión puede crearnos a algunos cierta angustia. Entre el miedo a volar y las estrictas medidas de seguridad implantadas en aeropuertos y estaciones de tren, viajar se ha convertido en una pesadilla.

Lo más importante en este caso es aplicar la delicadeza del tigre a ese tipo de situaciones. Puedes ser amable contigo mismo y aplicar las técnicas que aparecen en el capítulo 5 ante cualquier angustia que sientas. También deberías intentar estar presente con todo el mundo que conoces. Puede que sea el pasajero que se sienta a tu lado en el avión, o el encargado de las reclamaciones de equipajes, cuyo trabajo principal es vérselas con gente muy enfadada a la que le han perdido las maletas. Recoger una semilla de tu propia cordura y ofrecérsela a esas personas es de una delicadeza maravillosa.

Existen otras muchas maneras de poder aplicar las cualidades del tigre a nuestro camino del guerrero. Puedes preguntarte a ti mismo: «¿Qué tipo de ropa se pondría un guerrero que encarna a un tigre?», o: «¿Qué clase de música encarna la precisión del tigre?». Por mi parte, diría que los tonos tierra y la música clásica, pero esa es mi opinión. Aunque pueden realizarse sugerencias acerca de las aplicaciones prácticas de esas enseñanzas, al final depende solo de ti decidir cómo aplicarlas a tu vida.

Puede que cometas errores a lo largo del camino. Eso solo significa que te has unido al gran linaje de meditadores que ha existido a lo largo de los últimos miles de años. Todo maestro de meditación del pasado ha vivido su vida aprendiendo de sus errores, y aplicando las cualidades del tigre para despertar a su corazón y su mente. Sus relatos sobre el cambio interior son inspiradores, porque la mitad de las veces esas historias tratan de cómo metieron la pata.

Tenemos un largo camino por delante, y mientras recorramos este camino, nuestros errores deberán ser aceptados y nuestra disciplina mejorada. Podemos aprender de los maestros del pasado y no dejarnos apartar del camino solo porque seguimos siendo unos zopencos después de unos meses de marcha. Aunque podamos ser unos tarugos, somos unos tarugos mucho más amables y conscientes de lo que solíamos ser, y eso ya es algo.

Nuestro camino no está basado en el hecho de que necesitamos aplicar las cualidades del tigre a nuestro hogar, nuestra indumentaria, nuestra situación económica y a todos los detalles elementales de nuestra vida. Tal y como ha dicho Sakyong Mipham Rimpoché: «El entorno puede ser una ayuda o un impedimento para lo que queremos hacer. Todo en nuestro entorno –comida, ropa, lugares, las horas que pasan, la compasión o los celos de los demás– nos afecta». Ocuparnos de los detalles de nuestro entorno es un paso crucial en el viaje del guerrero. Cuando nos espabilamos, podemos ser muy beneficiosos para el mundo que nos rodea.

# Parte II:

# Cómo salvar el mundo

# 8. Una sociedad basada en un corazón abierto

«Podéis ayudar al mundo. Tú, tú, tú, tú y tú. Todos vosotros podéis ayudar al mundo. Conocéis cuáles son los problemas. Conocéis las dificultades. Hagamos algo. No nos acobardemos. Hagámoslo como hay que hacerlo. ¡Por favor, por favor, por favor!».

CHÖGYAM TRUNGPA RINPOCHE

En 2003, Sakyong Mipham Rimpoché reunió a la gente joven de la tradición budista de Shambhala para llevar a cabo un retiro de fin de semana. Aparecimos unos 200, esperando ilusionados los consejos que pudiera impartirnos. Algunos esperábamos que nos dijera lo que teníamos que hacer para ganarnos la vida. Otros imaginaban qué tipo de relación querían mantener con sus amantes. Otros solo esperaban orientación general acerca de cómo vivir una buena vida budista.

Tras esperar lo que pareció una eternidad, el Sakyong tomó asiento, miró a la congregación y en lugar de darnos un manual de instrucciones para nuestra vida, dijo: «Voy a crear una sociedad iluminada. Y vosotros vais a ayudarme, ¿verdad que sí?».

La gente, como era de esperar, permaneció muda, sorprendida por las implicaciones de esa declaración. Se inclinó un poco hacia delante e intencionadamente insistió: «¿Verdad que sí?».

Ante lo cual, todo el mundo dijo: «¡Claro que sí!».

## Crea una sociedad iluminada

La noción de una sociedad iluminada no trata de una comunidad mágica donde todo el mundo ha experimentado el nirvana, o donde ha conseguido el trabajo o la relación perfecta. En realidad, una sociedad iluminada es muy práctica: se trata de una sociedad basada en tener un corazón abierto. Durante la vida del Buda, el rey Dawa Sangpo fue a ver al Despierto y dijo: «Necesito ayuda para gobernar mi reino. Quiero llevar una vida espiritual, pero no puedo tomar los hábitos y dejar abandonados a mis súbditos».

El Buda pidió a sus asistentes monásticos que salieran de la habitación e impartió a Dawa Sangpo lo que ahora se conocen como las enseñanzas Kalachakra. Tras recibir estas profundas instrucciones del Buda, el rey supo cómo gobernar de manera benevolente y considerada.

Contar con un maestro espiritual como Sakyong Mipham Rimpoché que te dice «Voy a crear una sociedad iluminada. Y vosotros vais a ayudarme, ¿verdad que sí?» puede resultar alucinante. Muchos de nosotros llegamos a la meditación porque nos sentíamos estresados y queríamos ocuparnos mejor de nosotros mismos. Pero llega un momento en el camino espiritual en el que no puedes seguir ignorando todos los sufrimientos que te rodean. La compasión florece de manera natural cuando empiezas a reconocer el sufrimiento que hay en el mundo, y entonces, un día, comprendes que tu camino no solo trata de tu propia situación, sino también acerca de cambiar las cosas en el mundo. Te sientes inspirado a seguir las huellas de los ciudadanos de Shambhala dirigiendo tu atención a ayudar a los demás.

No creo que los meditadores sean los únicos interesados en cambiar el mundo a mejor. Todos lo deseamos. Incluso los políticos quieren hacer del mundo un lugar mejor; quieren que el mundo se parezca a su visión personal del mismo. Cuando te paras a pensar en cómo mejorar el mundo, puedes llegar a la misma conclusión alcanzada por tantos maestros budistas del pasado: no podemos basar el cambio que queremos ver en la velocidad y la agresividad, sino más bien en una sabiduría compasiva.

Es difícil hallar el modo de conseguirlo, sobre todo dado el hecho de que nuestros modelos son escasos y separados en el tiempo. Lo más notable es que tal y como es actualmente nuestra sociedad, la gente famosa suele serlo por los motivos equivocados. Sus méritos no se basan en que demuestren tener talento en un determinado campo, sino más bien en que son ricos o que se filman a sí mismos teniendo relaciones sexuales. Entre los tabloides y las páginas web rosas, esas personas, las celebridades, son elevadas hasta alcanzar un estatus casi divino. Los herederos y herederas de los famosos del mundo son admirados por las masas, que envidian su estilo de vida a la vez que gozan con sus incontables humillaciones.

Mientras tanto, al héroe local que sirve en el ejército en el extranjero se le abandona a sus propios recursos, a la buena de Dios, cuando regresa a casa. La familia que se presta voluntaria cada fin de semana en el refugio de los sin hogar de su barrio rara vez recibe el reconocimiento que merece. La madre soltera no puede conseguir que alguien se ocupe de su hijo de manera gratuita para poder ir al cine una vez al mes. La gente que se esfuerza en frentes humanitarios rara vez recibe ni siquiera agradecimiento, y no hay páginas web que nos muestren sus actividades ni llamativos titulares tipo: OLIVER LE COMPRA UN BOCADILLO A UN SIN TECHO; EL SIN TECHO LE DA LAS GRACIAS.

He de creer que alguien interesado en la espiritualidad, aunque se sienta a veces atraído por la cultura de las celebridades que triunfa en nuestra época, debe querer vivir en definitiva en un mundo cuyas prioridades sean distintas de lo que observa en esa cultura. Si los datos de las encuestas del momento son correctos, la mayoría de los estadounidenses desea prestar más voluntariado, ofrecerse a sí mismos y sus corazones a la comunidad en la que viven. Nuestra sociedad parece estar obstaculizando esa aspiración.

En nuestro mundo, los países utilizan un indicador especial para su éxito: el producto interior bruto (PIB). En otras palabras, cuanto más produce tu país, más éxito atesora. Como ciudadanos de esos países, nosotros también utilizamos índices similares de manera natural para determinar nuestra propia situación. Si contamos con un buen trabajo, una bonita casa o piso, un coche lujoso y una bella pareja, consideramos que tenemos éxito. No obstante, somos muchos los que aseguramos ser infelices.

En 1972, Jigme Singye Wangchuck, rey de Bután, estableció un índice distinto para determinar el éxito de su país: el índice de la felicidad interior bruta (FIB). Los cuatro pilares de la FIB son cultivar un desarrollo sostenible, preservar los valores culturales, ocuparse debidamente del entorno y establecer un gobierno benevolente.

Aunque algunos de estos indicadores son un intento de calibrar la felicidad de la población, muchos apuntan a la idea de que, a fin de ser verdaderamente feliz, es necesario ocuparse de otros miembros de la sociedad y del medio ambiente en el que se vive. En Estados Unidos estamos rodeados de personas que han comprado la idea de que puede obtenerse "éxito" y "felicidad" con un coche de lujo y un apartamento dúplex. No dejamos de intentar alcanzar esos indicadores de felicidad tratando de lograr una última cosa más que acabaría rematando la idea que tenemos de lo que somos. Siempre nos concentramos en los factores externos en la creencia que nos conducirán a una felicidad auténtica y perdurable para el "mí".

Preocuparse únicamente de "mí" resulta agotador al cabo de un tiempo. A fin de crear un cambio auténticamente positivo en el mundo, debemos apartar nuestra concentración en pensar solo en nosotros mismos. Sakyong Mipham Rimpoché escribe:

> «No hacemos más que pensar: "¿Me hará feliz esta comida? ¿Me hará sentir feliz esta película? ¿Me hará feliz esta persona? ¿Me hará feliz este suéter nuevo?". ¡La preocupación por nosotros mismos se convierte en la principal motivación de nuestra actividad!»[1].

A fin de crear una sociedad basada en el coraje y la amabilidad, es necesario que dejemos de pensar siempre en "mí". Ahora somos muchos los que nos levantamos por la mañana y decimos: «Espero disfrutar de un buen día». Llegamos a trabajo y decimos: «Espero obtener el reconocimiento que me merezco. Espero que este trabajo me haga más rico». Volvemos a casa y decimos: «Estoy agotado y necesito ocuparme de mí mismo. Necesito una cerveza, ver la tele y distraerme para sentirme mejor después del día que he tenido». Un día tras otro de ocuparnos únicamente de nosotros mismos puede resultar agotador. Crear ese capullo protector en el que no hacemos más que ocuparnos de "mí" puede ser muy cansado.

Imagina lo que sería si un día todo el mundo se despertase y decidiese modificar el interés de esa jornada y dejar de ocupar siempre el centro del universo. ¿Y si pasásemos a convertir ese día nuestro en algo beneficioso para los demás? Trasladar tu atención de ocuparte únicamente de ti mismo a hacerlo de los demás es la distinción sutil existente entre las enseñanzas Hinayana (pequeño vehículo) y las Mahayana (gran vehículo). La distinción radica entre el punto de vista hinayanista de ocuparse solo de nuestro camino de iluminación y el mahayanista, que considera que ese camino consta de llevar por él a los demás.

Cuanto más te familiarizas con tus altibajos emocionales, más empiezas a observarlos en otras personas. Antes habíamos sentido cierta rabia hacia nuestro compañero Brett. Se apropiaba del éxito de nuestros esfuerzos, diseminaba cotilleos por la oficina y en general no hacía nada que valiese la pena. Como nos hemos entrenado en el cojín para reconocer nuestras emociones intensas, para admitirlas y regresar al momento presente, empezamos a vernos adoptando ese mismo enfoque benévolo hacia nuestras emociones en el trabajo. Tomamos algo de distancia con respecto a nuestra cólera cuando nos hemos de enfrentar con el liante de Brett. Cuando no nos hallamos sacudidos por nuestra propia agitación interior, empezamos a percibir la del propio Brett. Como ya no queremos fulminarle con la mirada, nuestros ojos repasan su escritorio y nos fijamos en que la foto de su esposa ha desaparecido. Como no estamos concentrados en imaginar contestaciones para todo lo que pueda decirnos, comenzamos a poder percibir una ligera tristeza y desesperación en su voz.

No pasa mucho tiempo cuando descubrimos que Brett ha padecido sus propias convulsiones emocionales: se siente atrapado en su trabajo, su esposa acaba de pedirle el divorcio y sufre ataques de pánico. Nosotros hemos pasado por experiencias parecidas en el pasado, y de repente sentimos que se nos abre el corazón a Brett. Nuestro compañero de trabajo puede estar actuando por despecho o sintiendo celos, pero solo porque sufre, *igual que nosotros*. Cuando percibimos a Brett no como una amenaza sino como un ser humano que también sufre, se nos parte el corazón.

Cuando nos encontramos con gente difícil, no solemos ser capaces de abrir nuestro corazón de manera natural; para conseguirlo, nos resultaría de gran ayuda iniciar una práctica contemplativa.

## Práctica contemplativa para lidiar con gente difícil

En primer lugar, adopta una buena postura de meditación y practica *shamatha* al menos durante cinco minutos.

A continuación, piensa en una ocasión en que actuases de manera parecida a la de esa persona difícil que hay en tu vida. Quizá fue un momento en que te sentiste poco dispuesto, angustiado o tan frustrado que ni siquiera podías dormir. Elige un recuerdo que tenga miga y siéntate con cualquier sensación visceral que se manifieste en ti.

Una vez que cuentes con algo potente con lo que trabajar, empieza con esta contemplación de la galleta de la fortuna. Un juego divertido que algunas personas practican cuando abren una galleta de la fortuna es añadir "en la cama" al final de su pronóstico. Por ejemplo: «Pronto tendrás un gran éxito... en la cama». Pero en esta contemplación de la galleta de la fortuna que vas a trabajar, te has de ocupar de las sensaciones que aparecen relativas a esa persona difícil en tu vida, y has de añadir la frase "igual que yo". Por ejemplo: «A veces Brett suelta una coz sin razón alguna... igual que yo». O: «Intentará fomentar sus ideas para abrirse camino... igual que yo».

Sigue con el escenario que empiezas contemplando al principio. Al cabo de un rato, mientras exploras algunas de las cosas aparentemente negativas que Brett y tú parecéis compartir, te descubrirás adoptando suposiciones más generales acerca de Brett: «Intenta ser feliz... igual que yo».

Sé consciente de cualquier intento que pueda aparecer de tratar de descubrir aquello que tú y Brett compartís. Con el tiempo, te darás cuenta de que tienes más cosas en común con esa persona difícil de lo que habrías imaginado. Aunque quizá tengáis distintos puntos de vista o utilicéis tácticas diferentes en el trabajo, sus motivos para hacer lo que hace no son tan distintos de los tuyos.

Desarrollar compasión por otra persona de esta manera no es una actividad condescendiente. No es: «Estoy tan iluminado, y tú sufres tanto que me apiadaré de ti». Es comprender que no somos mejores que nadie. En realidad, todos somos iguales, porque todos queremos lo mismo: alegría.

## Desarrolla *bodhichitta*

Tal y como se dijo en la sección que exploraba la cualidades del tigre, la verdadera alegría no tiene su origen en adquirir nuevos aparatos o dispositivos ni en iniciar otro tórrido romance, sino en estar presente en tu vida. Procede de apartar tu atención de pensar siempre en ti mismo y de abrirte al mundo que te rodea.

El corazón que anhela conectarse con tu mundo y ayudar a los demás se denomina *bodhichitta* en la tradición budista. *Bodhichitta* es una palabra sánscrita que vendría a querer decir "corazón despierto". Al aflojar el paso y estar presente en el mundo estás más abierto al sufrimiento que te rodea. Tus sentimientos reaccionan ante las cosas más simples: un cachorrillo a la espera de ser adoptado o una hermosa flor empezando a florecer. Mientras que antes podías haber pasado de largo ante esas cosas, ahora estás abierto y disponible para el mundo. Sientes una riqueza y ternura inherentes. Eso es *bodhichitta*.

La *bodhichitta* es inherente a lo que somos. Puede imaginarse como nuestra "debilidad". Todos hemos tenido contacto con ella en algún momento de la vida. *Bodhichitta* es nuestra capacidad de amar y ser amados.

Pero el hecho de que hayamos estado practicando y hayamos sentido que ocasionalmente se nos ha abierto el corazón no quiere decir que esto vaya a convertirse en una sensación permanente. Demasiado a menudo, el corazón despierto puede quedar amortajado por el miedo, o bien por determinadas opiniones. Siempre que nos ponemos por delante de nuestros semejantes o que dejamos de prestar atención al mundo porque no queremos tener nada que ver con él, estamos formando capas protectoras alrededor del corazón. Estamos creando un capullo de miedo y "mi-edad". Así pues, la *bodhichitta* no es solo un estado en el que abres el corazón, sino algo que cultivas continuamente a través de tu práctica de meditación.

## Práctica contemplativa para abrir el corazón

Destina unos pocos minutos a sentarte donde estés. No necesitas practicar meditación *shamatha*, sino solo estar presente. No importa si te hallas en un tren repleto, en el trabajo o bien sentado en el sofá. Basta con que estés presente en tu cuerpo y entorno.

Tras sosegar un poco la mente, contempla la cuestión: «¿Cuál es mi experiencia sobre un corazón despierto?». Permite que la pregunta te cale un poco. Observa qué surge. ¿Te vienen a la cabeza imágenes o recuerdos que alientan esa sensación en ti?

Después de sentarte unos minutos con esta experiencia, trata de relajarte. Deja la pregunta y regresa a la respiración. Concéntrate especialmente en la espiración y en la sensación de que la respiración sale de tu cuerpo para entrar en el espacio.

## Permanece abierto frente a la agresividad

La *bodhichitta* puede ser lo más importante de todo el canon budista. Sin abrir nuestro corazón a los demás, nos convertimos en meditadores rígidos, solo interesados en "mí". En el retiro de fin de semana en que el Sakyong nos invitó a unirnos a él para crear una sociedad iluminada, también ofreció enseñanzas sobre la *bodhichitta*. Enseñó que un corazón abierto es la principal herramienta para crear un mundo mejor y una sociedad iluminada.

Algunas personas intentan crear cambios positivos en la sociedad participando en protestas o firmando peticiones. Otras tratan de ayudar a las organizaciones benéficas que consideran que son beneficiosas para otras personas. Sin embargo, la manera más sencilla y directa de provocar un cambio positivo en el mundo es conectando con nuestro propio corazón despierto.

Nuestra sociedad nos ha contado que para tener éxito debemos aceptar la mentalidad del producto interior bruto. Nos han enseñado a creer que necesitamos montañas de dinero y bonitos objetos para ser felices. No obstante, nos hemos dado cuenta de que esos objetos, por sí mismos, no nos reportan felicidad. En cambio, actos sencillos, estar presentes y sentir compasión sí que nos aportan felicidad. Descubrimos la alegría al tener el corazón abierto.

Muy a menudo intentamos tapar ese vulnerable corazón para evitar que salga herido. Es natural encogerse y no querer estar siempre abierto ni ser genuino cuando el mundo está repleto de agresividad. Sin embargo, desarrollar la disposición a ser vulnerable no es muy distinto a desarrollar una disposición a estar vivo. Si intentamos protegernos continuamente, si no hacemos más que evitar el bochorno, el desafío o el caos, nos encontraremos atrapados en la prisión de nuestras propias defensas. Aunque no habrá nada que pueda amenazarnos, tampoco sentiremos nada. El camino de los guerreros es asomarse a través del capullo de defensas y compartir su corazón con el mundo.

Oí una vez una historia acerca de un sacerdote católico que quiso que se grabasen sus últimas palabras. Y lo que dijo es que de joven había albergado la aspiración de cambiar el mundo. Pero cuanto más se esforzaba, más confuso estaba, pues no comprendía por qué no podía crear ningún cambio positivo. Luego, ya en la mediana edad, creyó que el camino para cambiar el mundo era fomentar el buen comportamiento entre sus amistades y familias. Tras esforzarse en ese frente durante años, volvió a desanimarse.

Solo cuando ya fue anciano, al final de su vida, comprendió que a fin de provocar cambios en el mundo, primero debía provocarlos interiormente. Tras conectar con su propio y vulnerable corazón, insufló en sus amigos y familiares una influencia positiva, y entonces fue cuando alcanzó a mucha más gente.

De manera parecida, en 2003, Sakyong Mipham Rimpoché miró a la audiencia de 200 jóvenes meditadores y dijo: «Muchas veces las personas creen que han de estar iluminadas para influir en el mundo. Dicen: "Bueno, puedo ponerme a ayudar cuando haya meditado mucho más, y estudiado más y hecho muchos retiros". Podemos llegar a viejos haciendo todo eso. Pero hemos de provocar un cambio ahora. Ha de ser ahora».

Puede que no hayas pasado años meditando o recibiendo instrucción de los mejores maestros de todas las escuelas filosóficas. Pero eso no significa que no puedas abrir tu corazón al mundo y cambiar las cosas. No has de esperar a estar iluminado. No has de pedirle permiso a nadie. Solo has de ofrecerte a ti mismo, tal y como eres, y permitir que tu corazón vulnerable transforme el mundo.

# 9. Manifiesta las cualidades del león de las nieves

Al empezar a recorrer el camino Mahayana, podemos estudiar la segunda de las cuatro dignidades: el león de las nieves. Dedica unos instantes a visualizar los magnificentes picos de las montañas donde el aire es puro y resulta fácil respirar. Esta arrebatadora zona herbosa está salpicada de flores silvestres, algunos árboles, piedras y rocas. Es el apacible hogar del león de las nieves.

Tal vez hayas visto los leones de las nieves en la bandera del Tíbet. Juguetón y lleno de energía, el león de las nieves es blanco, musculoso y tiene una melena turquesa. Se habla de que salta de cima en cima. En las referencias tradicionales se dice que cuando el león de las nieves salta su melena es acariciada por vientos herbales.

Siempre que oigo la frase «acariciada por vientos herbales», no puedo evitar pensar en los anuncios de los champúes de Herbal Essences, que suelen incluir a una mujer que parece muy triste porque tiene el pelo fatal. De repente, entra en contacto con Herbal Essences y al cabo de pocos segundos ya está saltando por ahí, llena de vitalidad, porque su cabello ha recuperado todo su potencial.

Podemos utilizar esa imagen al hablar del león de las nieves, puede sernos útil. A estas alturas ya sabemos que un champú no nos reportará felicidad imperecedera. Aunque Herbal Essences sea un champú sensacional, solo puede proporcionarnos una sensación temporal de satisfacción; incluso esa forma de alegría es impermanente. A fin de dar con la verdadera alegría, debemos observar el ejemplo del león de las nieves. Comparte la misma vivacidad que muestra la chica del anuncio. Pero esta vivacidad no procede de adquirir un nuevo champú, novio o casa, sino porque no le afectan las emociones negativas.

Como ya vimos en el capítulo en el que hablamos del tigre, ser atrapados por las emociones intensas resulta agotador. Por ejemplo, imagina que tus padres o un amigo te envían un correo electrónico un viernes por la noche y te dicen que no los visitas lo suficiente. Primero, es posible que te sientas culpable, luego frustrado y a continuación puede que intentes aliviar esa sensación saliendo y bebiendo más de la cuenta, y de repente puedes encontrarte vomitando tus sentimientos en la taza de un retrete. Les contestas con un correo en el que les culpas de haberte arruinado la noche, te duermes sobre el ordenador y te despiertas hecho un cristo física y emocionalmente del que solo tú eres responsable.

Si quieres fijarte en el ejemplo del león de las nieves, entonces tu camino no pasa por dejarte atrapar por esa intensa emoción. El león de las nieves no se deja arrastrar por sus emociones, y por ello permanece vibrante, energético y joven.

## Dudar de tu bondad inherente

En el budismo Shambhala, decimos que la duda es una emoción radical que nos hunde. Cuando recibimos una llamada telefónica o correo electrónico dolorosos, puede llegarnos al corazón. Creíamos ser una buena persona, pero ahora sentimos una desconexión fundamental con nuestra propia bondad. Podríamos pensar: «Si estuviese realmente en contacto con mi sabiduría innata, no me comportaría como un capullo con quienes quiero». Perdemos la fe en nuestra capacidad de ser afectuosos, en nuestra práctica de meditación y sobre todo en nuestra bondad fundamental. Nos quedamos atrapados en una sensación de fracaso. Hemos iniciado la andadura por un camino para crear alegría y ser buenas personas, pero resulta que no va a ser posible. En este mundo caótico y ajetreado resulta muy complicado practicar los principios de atención y compasión. Puede que incluso abandonemos.

Esta duda puede asfixiarnos. No obstante, reconocer que hemos caído en la trampa de la duda es el primer paso para poder salir de ella. Este nivel de exploración de la duda no requiere desconectar nuestra inteligencia crítica, sino más bien al contrario. Hemos de iniciar nuestra exploración de esta disfunción entre nuestra bondad innata y nuestra estupidez contemplando de todo corazón: «¿Cuál es mi experiencia de duda? ¿Cómo me afecta?». Ni siquiera has de meditar ni iniciar una contemplación formal, sino que debes intentar tomarte uno o dos días para pensar acerca de esa pregunta básica.

Son varias las maneras en que la duda en nuestra bondad inherente puede manifestarse. Algunas puede que te resulten familiares a causa de tu propia experiencia de duda:

*Ansiedad.* Con esta manifestación de duda tienes la sensación de no sentirte cómodo con cómo marchan las cosas en tu vida. Desearías que te resultase más fácil encontrar a alguien con quien te gustaría salir, que la gente que conoces no estuviera tan colgada, que pagasen alguna ronda de vez en cuando, etc. Se halla presente una sensación de malestar, y por ello quieres cambiar las circunstancias o los amigos, o bien estás harto de ti mismo. Sea cual sea la situación, no puedes confiar en ella tal y como es. En otras palabras, no confías en el momento presente.

*Celos.* Esta forma de duda incluye tu relación con otras personas. Tal vez a veces no te has sentido aceptado, querido o apreciado. Los compañeros del trabajo se van a comer sin ti, y empiezas a preguntarte por qué no te pidieron que les acompañases. Pones en causa tu valía. De esa emoción surge la asunción de que el mundo no te trata de la manera que esperabas. Estás decepcionado y envidias a la gente a la que consideras que todo les marcha mejor que a ti.

*Olvidos*. Habiendo caído en la trampa de la duda, empiezas a relajar tu atención. Crees que tu práctica meditativa es algo que puedes continuar donde la dejaste hace un mes, en lugar de considerarla como algo que debes practicar continuamente. Cada vez vas más acelerado, y te olvidas hasta de cosas simples, como comprar leche, y por ello acabas bebiendo café solo durante tres días. Te tornas despistado y careces de disciplina para poder reconocer la maravilla de tu vida.

*Arrogancia*. En un momento dado puede que hayas empezado a considerar que tu duda es un nuevo e importante descubrimiento filosófico. En esta trampa en concreto, uno cree que su confusión y carencia de fe en la bondad fundamental puede ser una nueva religión. Se piensa: «Sí, sí, sí, el Buda y algunas de las mejores mentes de los últimos 26 siglos me han animado a descubrir mi naturaleza búdica, pero lo que he descubierto es algo que ellos nunca experimentaron: "apatía fundamental"». Antes de que te des cuenta, estarás propagando tu opinión sobre la bondad fundamental a todo el mundo que quiera escucharte con gran confianza (aunque poca sinceridad).

*Calumniar*. En esta forma de caer en la duda consideras tu propia bondad fundamental, tu práctica y tus maestros de meditación y piensas que todo ello te ha fallado y que vale la pena calumniarlos. A veces se puede observar esta postura entre practicantes avezados en comunidades budistas. Llevan en el *sangha*, o comunidad, alrededor de 30 años, pero en un momento dado experimentaron esta desconexión acerca de la bondad fundamental. El resultado de ello es que no creen que haber dejado de practicar sea error suyo, sino que culpan al *sangha* budista o a la organización de la que forman parte. Empiezan a criticar la estructura organizativa, la manera en que se enseña el Dharma, o bien el organigrama de los profesores. Como están atrapados en su propia duda, la cristalizan y empiezan a criticar y hablar mal de cualquiera que siga creyendo en las enseñanzas.

*Falta de sincronización entre cuerpo y mente*. En esta manifestación de duda, tus estados emocionales te provocan tal molestia que ni siquiera puedes mantenerte unificado. Estás tan atrapado en tu cabeza que puedes ir andando desde casa al trabajo o a la escuela y ni siquiera te percatarás de que los cerezos han florecido. Estás tan pillado en ti mismo que ni siquiera puedes servir bien una taza de té; el agua caliente salpica el platillo mientras divagas explicándole a un amigo tu drama más reciente.

## Duda y relaciones sentimentales

Una categoría de experiencia que puede hacer que muchos de nosotros caigamos en la trampa de la duda son las relaciones sentimentales. Una vez que te atrapa el incipiente y fuerte anzuelo de la duda respecto de una relación así, puedes experimentar todas las manifestaciones de duda anteriores.

Permíteme que te dibuje un escenario: tu novio sale por la noche con algunos amigos. Tú intentas hablar con él, pero siempre te sale el buzón de voz. La lógica dicta, desde luego, que probablemente esté en algún garito subterráneo sin cobertura o que su teléfono está en modo silencioso, pero algo en ti empieza a agitarse. Te angustias un poco: «Pero ¿dónde está? ¿Qué estará haciendo? ¿Por qué me ignora?». Aunque tal vez seas más celosa: «¿Estará bailando con otras mujeres? ¿Invitándolas a copas? ¿Y si se emborracha de verdad y una de esas quiere besarle?». A partir de ahí te indignas: la arrogancia se enciende y piensas: «Pero ¿quién se ha creído que es para ignorarme? ¿Es que cree que puede pegármela de esta forma? ¿*A mí*?».

Antes de que te des cuenta te estarás olvidando de todo lo que querías hacer esa noche y le estarás escribiendo un mensaje de texto infamante, quejándote de lo mal que te trata y de que es un imbécil. Estás tan enfadada y sumergida en esa situación que solo puedes tumbarte en la cama. Tus emociones te paralizan y has perdido toda conciencia acerca de cómo tratar tu cuerpo y mente.

¿Te suena familiar ese tipo de estallido emocional? Creo que todos hemos experimentado algún tipo de explosión emocional. Muchos maestros budistas tibetanos han señalado que, como cultura, los occidentales no tenemos mucha fe en nuestra innata sabiduría y bondad. Tendemos a sentir cierta repugnancia por nosotros mismos, y no confiamos en cosas sencillas como el hecho de que merezcamos ser amados y respetados.

Ahí es donde entra el camino del león de las nieves. El camino del león de las nieves te atrapa antes de que caigas en la trampa de la duda. El león de las nieves tiene mucha confianza en sí mismo. Puedes recordarte a ti misma regresar al conocimiento de que eres digna de ser amada, de que genuinamente eres buena persona. Posees naturaleza búdica.

Además, cuando aparecen los obstáculos, en lugar de dejarte hundir por ellos, puedes considerar la idea de que tal vez la línea argumental que has creado pueda no tener relación con la realidad. Muchos desarrollos argumentales internos no están enraizados en nuestra cordura fundamental o sabiduría, sino más bien en la confusión. Cuando tu novio te llame tres horas más tarde desde un teléfono desconocido para decirte cuánto te echa de menos y que fue una pena que se quedara sin batería, será un buen momento para considerar un camino que te ofrezca la libertad de escapar de la trampa de la duda.

## Las herramientas del león de las nieves

El león de las nieves utiliza diversas herramientas a fin de no caer en la trampa de la duda, y así poder saltar de cima en cima. Ahora te propondré una breve introducción de esas herramientas, y luego, en los tres capítulos siguientes, las exploraremos con más detalle.

## Compasión

Cuando abrimos nuestro corazón a los demás de par en par, vamos más allá de la tendencia de pensar únicamente en "mí". Podemos practicar acciones sencillas como sonreír, escuchar verdaderamente a esas personas de cuya compañía disfrutamos (y también aquellas con las que no nos sentimos tan a gusto) o practicar una simple meditación a la que denomino "No decir no".

La idea general es que a lo largo de nuestra jornada somos bombardeados con oportunidades para dejar de pensar solo en nosotros mismos. Pero a menudo las descartamos. Intenta reservar un día para practicar el no decir inmediatamente "no" a las numerosas peticiones que te llegan. Puede tratarse de cosas sencillas, como cuando a alguien se le cae un boli cerca de ti y tú te tomas la molestia de recogerlo. También puede ser mantener las puertas del ascensor abiertas para alguien que llega, aunque lleves mucha prisa. Incluso puedes ofrecer a cualquier mendigo que te cruces algo de calderilla, o bien un euro.

Claro está, si alguien se te acerca y te propone: «Vamos a echar un polvo anónimo sobre un montón de jeringuillas», ten algo de sentido común y niégate. En el ejercicio de "No decir no", estamos hablando solo de ponerte a prueba un poco en términos de mostrarte abierto y compasivo. Se basa en ocuparte de ti mismo (el núcleo de la disciplina Hinayana) de manera que puedas ocuparte de los demás.

Al final de la jornada de práctica de "No decir no", reserva algo de tiempo para percatarte de cómo te sientes. Ir más allá de tu umbral de comodidad normal y mostrarte desprendido de corazón puede resultar liberador.

## Disciplina de virtud

Hay veces en que la vida nos ofrece lo que llamaríamos "limones", amarguras. Es demasiado fácil esperar que tomes todos los "limones" del samsara y hagas limonada con ellos. Después de todo, seguimos avanzando por el camino espiritual. No obstante, hay ocasiones en que nos enfrentamos a situaciones negativas en las que apenas podemos establecer una relación directa con ellas, ni siquiera dejándolas existir. A veces podemos tener coraje e ir un poco más allá de lo que solemos hacer, a fin de aplicar virtud a la situación.

No se trata del sentido moralista de «Yo soy bueno, tú eres malo, así que siempre que lo hagas mal lo diré». Eso es egoico y arrogante. En lugar de ello, esta aplicación de virtud implica disciplina; hemos de ser astutos a la hora de determinar con precisión cómo actuar mejor en cualquier situación dada.

Utilizando el discernimiento del tigre, sabemos cómo queremos actuar y qué queremos evitar. El camino del león de las nieves es actuar con ese discernimiento y continuar adelante. Podemos observar de qué manera afecta a los demás nuestro comportamiento y, en un intento de ser compasivos, actuar de la forma que estimemos más íntegra y beneficiosa.

## Las seis *paramitas*

Son seis herramientas más que el león de las nieves porta en su cinturón de herramientas metafórico: generosidad, disciplina, paciencia, esfuerzo enérgico, meditación y *prajña* (conocimiento superior). En los textos budistas suele aludirse al conjunto como las seis *paramitas*, o perfecciones. No hemos de ser perfectos para acometer ninguna de ellas, pero son muy útiles a la hora de crear una conducta perfecta en un mundo por otra parte imperfecto.

Al intentar beneficiar a los demás y ser útiles para el mundo, podemos estudiar cada una de esas cualidades y examinar cuál es la más apropiada en cualquier situación dada. Algunas pueden ser claras, como aplicar paciencia cuando tu amiga tarda mucho en prepararse para salir y temes llegar demasiado tarde a la cita con el dentista. Otras situaciones requerirán más reflexión, como en el caso de esforzarte en una tarea complicada en el trabajo sin molestar a otros compañeros. Sin embargo, las seis *paramitas* son aplicables a todo lo que nos sale al paso y son las herramientas portátiles del león de las nieves en todos los proyectos.

A fin de experimentar alegría, hemos de conservar nuestra dignidad. Es difícil salir con alguien que se sienta perdido e inseguro. Si alguien no hace más que echarse por tierra y enfadarse por nimiedades, estará vaciándose de su energía y afectando negativamente a la de aquellas que le rodean. No tiene por qué pasarte; tú no eres inherentemente así. Eres básicamente bueno. En nuestro viaje de emulación del león de las nieves, nuestra práctica es regresar a la cuestión esencial de nuestra bondad fundamental y desarrollar la fe en ella.

Regresar a la realidad de nuestra situación y del mundo que nos rodea es un recordatorio de que todo lo que experimentamos puede formar parte de nuestro camino. No tenemos por qué quedarnos pegados al plan "mí". Podemos actualizarnos al plan "nosotros". Cuando aplicamos disciplina y salimos de la trampa de la duda, hay todo un mundo aguardándonos, con hambre de nuestro corazón abierto. Podemos ofrecer compasión, la disciplina de la virtud y nuestro cinturón de herramientas de *paramitas* para convertir este mundo en un lugar mejor. Si no lo hacemos nosotros, ¿quién lo hará?

# 10. Sexo, amor y compasión

«Estar en el momento, aunque duela, es preferible a no estarlo.»

PEMA CHÖDRÖN

Una de las mejores maneras de ver la compasión en acción es a través del ejemplo de introducirla en nuestras relaciones sentimentales y sexuales. Podemos utilizar las lecciones que aprendemos en esas relaciones y aplicarlas a todas nuestras interacciones. Ya nos han herido antes. Probablemente ya sabes dónde está tu punto flaco, tu *bodhichitta*, cuando le abriste el corazón a alguien y fue una decepción. Cuando sales herido, lo normal es intentar cerrar tu corazón abierto. En otras palabras, te cierras a los demás. Te cierras a la posibilidad de sentirte vulnerable en un intento de no volver a sentirte herido.

Al cabo de cierto tiempo todos sanamos, y la mayoría de las veces volvemos a intentar abrir nuestro corazón. Existe cierto nivel de alegría que procede de conectar con otras personas de esta manera que no estamos dispuestos a olvidar.

Querer estar enamorado es una experiencia humana natural. Todos queremos amar. Amamos amar. Sin embargo, sus momento álgidos son vertiginosos, sus mínimos resultan lo bastante traumáticos como para querer que desaparezca de nuestro recuerdo. Casi parece incomprensible intentar lograr satisfacción y ecuanimidad en nuestra vida a la vez que también cultivamos esa montaña rusa emocional.

Creer que necesitamos clasificar nuestra vida sentimental en una categoría de nuestro ser y nuestro desarrollo espiritual en otra sería un error. Es aplicando principios budistas básicos como podemos utilizar nuestras relaciones con los demás como parte de nuestro camino. Con interés y consideración hacia tu pareja, enamorarse no tiene por qué ser una montaña rusa; hemos de aprender a manejar nuestras expectativas.

## Enamorarte, seguir enamorado y más allá

Cuando ofreces tu amor a una pareja, al principio todo resulta exploratorio. Sientes curiosidad por ella. Quieres saber más cosas de su pasado, su familia y sus curiosas costumbres. Pruebas nuevas platos porque ella te lo sugiere, vas a lugares desconocidos y todo parece muy emocionante. Empiezas a aprender todo tipo de cosas sobre tu pareja. El helado favorito de Elizabeth es el de chocolate y su programa preferido *Gossip Girl*. Viste de esta manera y le gusta ese tipo de gente y nunca bebe ese refresco.

En un momento dado, esos aspectos de tu pareja te resultan simpáticos, pero ya no son necesariamente nuevos ni estimulantes; cuando ya sabes tanto de la pareja, no aplicas el mismo nivel de curiosidad de antaño a la relación. Más tarde, dejas de sentir curiosidad alguna por tu pareja.

El otro día vi un programa de televisión en el que salía una pareja de ancianos casados peleándose. En un intento de mejorar la situación, el marido le trajo a la esposa un cóctel Cosmopolitan, diciendo que sabía lo que le encantaba. «¡Ah, vaya! –dijo ella sarcástica– ¡Así que te acuerdas! ¡Hace 20 años que no lo pruebo!». Claro está, todo ello condujo a una nueva discusión, basada en la verdad simplista de que a veces dejamos de preguntarnos con quién estamos pasando nuestra vida y, como resultado, dejamos de darnos cuenta de que las cosas cambian.

A menudo no apreciamos lo suficiente a nuestra pareja, cuando en realidad deberíamos considerarla como el principal objeto de nuestra compasión. La palabra tibetana para compasión es *ñingje*, que puede traducirse como "noble corazón". Es un término muy útil cuando pensamos en aportar compasión a nuestras relaciones más íntimas: necesitamos ofrecer nuestro noble corazón de manera total a aquellos que nos son más cercanos.

La curiosidad es una forma de compasión. Creo que los miembros de muchas parejas de larga duración continúan entusiasmados el uno con el otro, pero no investigan preguntándose cómo ha cambiado la persona con la que están compartiendo su vida. Como meditadores en el camino, sabemos que todas las cosas son impermanentes. Contamos con un entendimiento de que a nuestro alrededor todo cambia y es transitorio. No es difícil darnos cuenta de que nuestro cuerpo y repositorio cultural no hacen más que desarrollarse y cambiar. No obstante, pensar que nuestra pareja cambia con tanta fluidez como nosotros puede resultar chocante. No obstante, es la verdad, pues aunque creamos que esa misma persona tan fiable con la que cenamos todas las noches es algo sólido, de hecho es un conglomerado de experiencias y conocimiento que está en constante cambio, de forma parecida a las estaciones. Solidificar a una persona es una tontería, y no obstante, todos somos culpables de haber caído en esa trampa alguna vez.

En cierto momento de la relación se fraguan determinadas expectativas. Uno no redacta un contrato ni reparte conscientemente quién hace el qué, pero al mismo tiempo empiezas a creer que tu pareja te debe algunas cosas. Esas ciertas cosas se extienden más allá de quererte y ser abierto y honesto contigo. Empieza a utilizarse una palabra peligrosa: "siempre".

«Tú *siempre* llegas a casa primero. ¿Por qué no llamaste si sabías que esta noche llegarías tarde?»

«Tú *siempre* dejas que sea yo la que dobla la ropa. ¿Por qué no lo puedes hacer tú también?»

«Tú *siempre* dices eso cuando quiero probar algo nuevo».

Cuando las expectativas en una pareja se tornan demasiado rígidas, adquieren el mismo poder destructivo que las emociones estancadas. Al igual que estas, las expectativas rígidas nos hunden, provocando duda y ansiedad con las que llenar nuestros seres. Empezamos a cerrar nuestro corazón y a valernos por nosotros mismos, en lugar de estar abiertos a escuchar a nuestra pareja. Nos alejamos de la cualidad de franqueza y sinceridad incondicionales que nos hacen desear la ayuda de las personas amadas, incluso aunque ello nos perjudique. Nos alejamos de nuestra *bodhichitta*, encerrando a cal y canto nuestra capacidad de actuar de forma compasiva. Cuando te observas a ti mismo empezando a alejarte de la actividad compasiva, sabes que tu relación tiene problemas.

En el momento en que te descubres dejando de comunicarte abiertamente en una relación, deberías plantearte cómo te gustaría continuar. Una manera sería extender nuevas capas de protección alrededor de tu vulnerable corazón. Impides la posibilidad de que la otra persona te hiera, pero también eres menos capaz de comunicar de manera genuina tu propio amor. Esencialmente, te estás preparando para una ruptura inevitable.

La alternativa es relajar vuestras expectativas y reconectar con esa curiosidad que fuisteis capaces de ofrecer al principio de la relación. Te comprometes a explorar dónde te quedaste estancado, dónde levantaste el escudo protector y cómo puedes abrirte más a tu pareja. Esa es la manera de profundizar en una relación, comprometiéndose de nuevo a aplicar una curiosidad delicada para aprender sobre tu amante.

La misma curiosidad franca podría aplicarse a la hora de considerar una manera compasiva de volver a ligar. He oído a muchos solteros decir que están reservándose para "la persona adecuada". Si pudieran ir al bar adecuado, a la fiesta de solteros adecuada o encontrar el servicio de citas adecuado, entonces "la persona adecuada" les estaría esperando allí mismo. Tal y como dijo en una ocasión, hablando de romances, el maestro budista Dzongsar Khyentse Rimpoché: «El problema no es que surjan las situaciones adecuadas. No, no es eso. Sino que siempre albergamos ciertas expectativas, ciertas esperanzas y temores. Y todo ello nos conduce a desilusiones».

Cuando solidificamos lo que esperamos encontrar en una pareja amorosa, nos estamos situando en rumbo de colisión. Podemos redactar una lista de lo que buscamos en términos de apariencia física, inteligencia, sentido del humor, preferencias religiosas, etc. Creemos que si hallamos todas esas cualidades en alguien entonces será la persona perfecta para nosotros.

Si suscribimos esa lista, nos dirigimos a un precipicio. En lugar de ello, podrías estar dispuesto a mantener una mente abierta. Puedes explorar a todo el mundo que conoces sin un programa o una lista oculta. Puedes acabar conociendo a alguien que no tenga nada que ver con lo que imaginas que necesitas para ser feliz en tu vida, pero que en realidad es la persona perfecta para ti. Manteniendo una mente y un corazón abiertos puedes hallar la verdadera felicidad donde menos te lo esperas.

## Actividad sexual compasiva

Una zona complicada, a la hora de abrir nuestro corazón, es la relativa a la sexualidad. La sexualidad se experimenta de distinta manera, dependiendo de las personas. Puede utilizarse para demostrar un amor o afectos verdaderos. Puede utilizarse simplemente para divertirse. Puede utilizarse para suavizar las cosas cuando te has metido en una pelea con tu pareja o como excusa para gratificarte en la pereza y no levantarte de la cama. Puede ser una actividad maravillosa, dolorosa, humillante y, en ocasiones, compasiva.

En términos de budismo y sexualidad, sabemos que incluso el Buda histórico, Siddhartha Gautama, tuvo relaciones. Mientras crecía en su palacio parece que tenía a su disposición un amplio harén de féminas. Algunos textos afirman que esas mujeres solo eran bailarinas, otros dicen que eran cortesanas que complacían al príncipe de formas más carnales. En cualquier caso, sabemos que nuestro amigo Siddhartha tuvo relaciones sexuales con su esposa, Yasodhara, que daría a luz a un hijo y, hasta donde yo sé, el sexo suele ser la manera en que se "fabrican" niños.

Saltemos hacia delante, hasta cuando Siddhartha se convirtió en un buda, y de repente hubo varias personas que se acercaron a él, intentando vivir una vida espiritual. Comprendió que sus seguidores monásticos deberían acatar ciertas reglas, entre las cuales, ocupan un lugar básico los cinco preceptos.

Los cinco preceptos son: no arrebatar la vida a seres sensibles, no tomar lo que no nos sea ofrecido, abstenerse de una conducta sexual impropia, no hacer uso irreflexivo de la palabra (calumniar, chismorrear, mentir, charla ociosa) y no ingerir intoxicantes. Nos concentraremos en el tercer precepto: *kamesu micchacara veramani sikkapadam samadiyami*, o: «Tomo el voto de abstenerme de una conducta sexual impropia».

Estos cinco preceptos han sido interpretados de innumerables maneras a lo largo del tiempo y en distintas culturas. En Occidente, hay algunas comunidades budistas donde los monásticos toman el voto de acatar esas reglas, pero los practicantes laicos no. Algunas comunidades animan a los practicantes laicos a trabajar con los preceptos de manera continuada, mientras que otras los utilizan únicamente durante retiros prolongados.

Creo que cualquier contemplación de estos preceptos puede ser de ayuda para cualquier practicante, siempre y cuando se los tome en serio. Sin embargo, me resulta difícil imaginar que el Buda estableciese esos preceptos para que miles de años más tarde sus seguidores pudieran pelearse acerca de la manera "adecuada" de utilizarlos. En todo caso, creo que la historia de la carrera docente del Buda sirve como indicación acerca de cómo podemos explorar el sentido de una conducta sexual impropia para con nosotros mismos.

Tal y como mencionamos anteriormente, tras su iluminación, el Buda se puso en marcha para encontrar al puñado de ascetas con los que practicar meditación anteriormente. Consideraban bastante mal a Siddhartha Gautama porque la última vez que le vieron había abandonado el camino del ascetismo estricto, una señal muy clara de que no iba a llegar a ninguna parte en el camino espiritual.

Cuando el Buda se aproximó a sus antiguos compañeros de meditación, estos pudieron observar un señalado cambio en su aspecto. Había en él una gran alegría y desplegaba una gran presencia, extremadamente cautivadora. Empezaron a acercarse a él y le suplicaron que les enseñase cómo había logrado semejante dominio sobre su propia mente. En lugar de darles preceptos o un conjunto de disciplinas en ese momento, les hizo extensiva una invitación diciendo: «Venid y comprobadlo por vosotros mismos».

Manteniendo esa invitación en mente, creo que es importante determinar qué es un comportamiento sexual compasivo a nivel individual. De hecho, podemos convertir una negativa idea disciplinaria en una fuerza positiva para nuestra salud. En lugar de contemplar cómo podemos "abstenernos de una conducta sexual impropia", deberíamos esforzarnos por dar con una manera de fomentar las relaciones sexuales positivas.

Intentar desarrollar un camino de actividad sexual compasiva no es cosa fácil. Resulta difícil elegir entre tanto volumen de enseñanzas sobre nuevas ideas para hacer el amor. Además, nos bombardean constantemente con imágenes sexuales negativas, tanto en televisión como en Internet y en la prensa.

Es importante descubrir nuestra propia manera de aportar compasión al dormitorio. Puede ser comunicándote abiertamente con tu amante acerca de aquello con lo que te sientes cómodo. O bien puede ser creando un espacio seguro en cuyo interior podáis estar ambos totalmente presentes con el otro. Depende de cada uno determinar qué significa exactamente la sexualidad compasiva para nosotros.

## Aventuras de una noche: opinión, actividad y perspectiva

Una cuestión que suele cruzarse en mi camino es si podemos ser "buenos" budistas y seguir teniendo aventuras sexuales de una sola noche. Yo creo que es posible si consideras seriamente tu opinión, actividad y el deleite de ese tipo de situación.

### Perspectiva

Lo importante en cualquier actividad sexual, sea casual o en una relación larga, es considerar las propias motivaciones. ¿Te interesa una aventura de una sola noche porque estás demasiado ocupado para mantener una relación, pero aprecias a la otra persona y quieres establecer una conexión sexual con ella? Si es así, es una motivación que vale la pena reconocer. Otra sería: «Estoy borracho. Estoy caliente. Qué buenas están». Esa motivación tiene todos los números para crear problemas.

Conocer tu motivación antes de emprender cualquier acción es importante, y lo es por partida doble cuando estás haciendo que otra persona tenga un comportamiento potencialmente arriesgado, como en el caso de la sexualidad. Existen riesgos emocionales tanto como físicos, y por ello conocer tu intención es fundamental.

## Actividad

La conducta es importante. Para mí hay dos maneras de iluminarse. La primera es sentar el trasero y practicar meditación sin parar hasta alcanzar una total iluminación. La otra es insertar la meditación en tu conducta, aplicando los principios que desarrollas en el cojín a todos los aspectos de tu vida.

Cuando se trata de sexualidad, una buena conducta podría significar ser muy abierto y directo con tu pareja. Podría ser asimismo explicarle con mucha claridad tus intenciones, o asegurarte de que practicáis sexo seguro. Ser franco, genuino y afectuoso parece bastante sencillo, pero es muy importante si intentas llegar a tu dormitorio con alguien.

## Deleite

Pudiera ser el indicador más sencillo para comprobar si ha sido una aventura de una sola noche compasiva. Es decir, puedes examinar cómo te sientes a la mañana siguiente. Aplicando la curiosidad a tu propio estado, puedes comprobar si descubres júbilo o humillación. Si se trata de la segunda, es probable que no desees intentar ese plan de nuevo. Es una desgracia que te sientas de ese modo, pero los errores a lo largo del camino son útiles; ahora has probado algo que no deseas volver a repetir, y puedes comprometerte a no repetir el mismo conjunto de acciones. Pero si sientes júbilo, quizá seas uno de esos escasos seres que pueden tener relaciones sexuales informalmente.

Cuando hablamos de la sexualidad da la sensación de que cuanto más suelto estás en términos de estructura relacional, más probable es que te perjudiques a ti mismo y a tu pareja. Gran parte de este daño puede evitarse si te comunicas abiertamente con tu amante. Resulta esencial en cualquier relación –sin importar su duración– permanecer abiertos y sentir curiosidad por el otro, observar cómo ambos cambiáis con el tiempo. Mantener esa curiosidad te permite evitar desarrollar un conjunto de expectativas que encajonan a tu pareja en un rincón desde el que carece de opción de satisfacer tus necesidades.

En la sexualidad y en el amor contamos con una herramienta que puede mejorar nuestra situación y aportarnos una alegría indestructible: la *bodhichitta*. Como es inherente a todos los seres, podemos explorar cómo abrir el corazón y cómo conectar con los corazones de las personas que amamos y a las que hacemos el amor. Abrir el corazón, sin condiciones es nuestro camino. Es la manera compasiva de vivir en nuestro mundo. Puede que resultemos heridos, pero si queremos crecer y encontrar el amor verdadero, o esforzarnos en amar a todos los seres, entonces la *bodhichitta* es la dirección que hemos de tomar.

## 11. Cómo aplicar disciplina, incluso cuando la cabeza desconecta

Me crié asistiendo a una escuela militar. Era como un instituto normal, solo que nuestra mascota era un cadete y que nos entrenábamos con rifles retirados del servicio activo, con uniformes de la Guerra Civil, una vez a la semana y en los desfiles.

Cuando cuento esto, la gente se queda un poco pasmada, y luego ya se muestran totalmente asombrados cuando añado que disfruté de lo lindo. Había algo en el desfilar al unísono con más gente que me parecía sensacional. Existía cierta disciplina en todo aquello; debías sincronizar por completo mente y cuerpo. Si te perdías fantaseando o te desviabas del momento presente de cualquier manera, podías acabar yendo desacompasado con respecto al resto de tu escuadrón, y eso era terrible. Para hacer bien la instrucción, debías estar totalmente presente. Cuando todo el escuadrón era capaz de estar totalmente presente y atento, la fluidez era extraordinaria. Incluso aunque como individuos no éramos más que un puñado de adolescentes desmañados, cuando nos juntaban y aplicaban una disciplina psicomental, irradiábamos dignidad.

*Disciplina* es una palabra con mala reputación en Occidente. Suele utilizarse como algo que nos impone otra gente. Un padre puede disciplinar a su hijo cuando este se porta mal, o un entrenador personal nos puede decir que necesitamos más disciplina en el gimnasio si queremos perder peso. Parece que la disciplina sea algo que se nos impone. Sabemos que esa forma de disciplina es para nuestro bien, pero no nos gusta.

## La disciplina como fuente de felicidad

Desde un punto de vista budista, la disciplina no tiene por qué ser algo negativo; puede ser una fuente directa de felicidad. Cuando aplicamos disciplina a nuestra práctica meditativa a menudo extraemos una sensación positiva. Para los meditadores madrugadores está la disciplina que nos saca de la cama por la mañana. También está la disciplina que nos aparta de nuestra rutina habitual para darnos tiempo a sentarnos en el cojín. Luego aplicamos disciplina a la hora de mantener la postura y de regresar continuamente a la respiración durante el tiempo que practicamos. Al final de la meditación, nos sentimos encantados porque esta forma de disciplina es algo que hemos cultivado nosotros mismos, y lo que es más importante, porque está enraizada en la virtud.

La disciplina que está íntimamente relacionada con la virtud es del tipo que el león de las nieves aplica a su vida. Una forma de saber si la disciplina está conectada a la virtud es considerar si produce una sensación de delicadeza. Si la sientes como algo duro que te impones, es probable que se trate de un tipo de disciplina que está enraizada en la agresividad. Ese rigorismo neurótico se basa en tu confusión. En lugar de ello, el león de las nieves basa su disciplina en confiar en su bondad fundamental.

Lo interesante de vivir en nuestro mundo moderno es que existen oportunidades constantes de comprobar si estamos aplicando disciplina de manera delicada, o si bien estamos cerrando nuestro corazón y siendo agresivos. Si te enfrentas al deseo, la cólera o el prejuicio, puedes utilizar esas situaciones como oportunidades para formarte en la disciplina de la virtud.

La virtud no implica necesariamente adoptar un punto de vida moralista. Desarrollar un conjunto de patrones demasiado intelectualizados es antitético con el camino del Dharma. Agarrarse con fuerza a un conjunto de opiniones solidifica la sensación del "mí". Esgrimir un conjunto de normas como arma contra los demás no es precisamente una actividad compasiva. Si lo haces acabarás pensando menos en los demás porque habrás desarrollado un conjunto de principios morales que otros no observan. Esa idea subjetiva de la virtud es una manera rápida de acrecentar tu ego y desconectarte de las personas que te rodean.

En el budismo, la virtud es la capacidad del guerrero meditativo de alcanzar su propio corazón. Una vez que has aprendido acerca del discernimiento, puedes aplicar esa herramienta a figurarte, caso por caso, a qué quieres abrirte, frente a aquello de lo que necesitas alejarte. Tras explorar qué aceptar y qué rechazar en tu vida cotidiana, el camino del león de las nieves es aplicar la disciplina para poder completar esas intenciones. Por ejemplo, es fácil decidir que es tóxico tener a tu novio alrededor, pero que en realidad es más difícil acabar la relación. Aunque sea una gran cosa para ti y tu pareja, lo cierto es que hace falta disciplina para iniciar y proseguir la dolorosa discusión que conlleva una ruptura.

## Prácticas para aplicar la disciplina virtuosa

Aplicar continuamente la disciplina virtuosa no es, ni mucho menos, una tarea fácil. A veces nos vemos rodeados de personas que continúan poniendo sus propios deseos al principio de la lista, sin que necesariamente les preocupe quién sale perjudicado mientras ellas obtengan lo que quieren.

Ngulchu Thogme, maestro de meditación del siglo XIV, lo supo muy bien, y por ello ofreció 37 prácticas para el *bodhisattva*, o guerrero franco, para que al llevarlas a cabo pudiera vivir de manera abierta. Muchas de esas prácticas tienen que ver con aplicar virtud incluso a la más difícil de las situaciones. Por ejemplo:

«Si alguien te corta la cabeza,

aunque no hayas hecho nada malo,

la práctica del *bodhisattva* sería

cargar con la fechoría de ese alguien

a través del poder de la compasión».[1]

En el mundo de hoy en día, lo más probable es que conozcas a alguien que trate de colarse en la entrada del cine, pero no a alguien que intente cortarte la cabeza. En cualquier caso, el sentido de la práctica de Ngulchu Thogme sigue valiendo. Lo que dice es que, a pesar de lo que alguien te haya hecho, incluyendo un acto de violencia, sigues teniendo la opción de responder con compasión.

Incluso aunque no te merezcas de ninguna manera la agresividad, puedes intentar mantenerte abierto con esa persona. Puedes comprender que esa persona que te ha perjudicado está confusa. Puedes preguntarte a ti mismo si crees que esa persona analizó verdaderamente lo que hizo antes de actuar, o si lo hizo a partir de un estado emocional estancado.

Una vez que comprendes que la otra persona está sencillamente confusa, puedes empatizar. Tú también has actuado de manera impulsiva en el pasado, a menudo sin darte cuenta del daño que causaste a las personas que te rodeaban. La compasión fluye directamente desde esta empatía.

Tomemos otro ejemplo del manual de Ngulchu Thogme:

«Si alguien te calumniase

mediante un billón de palabras,

la práctica del *bodhisattva* sería

proclamar las buenas cualidades de esa persona,

con el corazón lleno de amor».[2]

Todos hemos sido víctimas de rumores que nos hacen parecer malvados o tontos. Ngulchu Thogme dice que, aunque alguien intente destruir tu reputación, no necesitas responder yendo de una a otra tratando de despejar y corregir las percepciones de las personas respecto a ti. Tampoco le has de propinar un estacazo al chismoso. Aunque estaría bien aclarar las cosas siempre que esté en tu mano, ir corriendo por ahí explicándole a todo el mundo que tu adversario es despreciable por difundir mentiras no es precisamente la acción de un *bodhisattva*.

En lugar de ello, podemos reconocer que esa persona está intentando obtener atención de todas las maneras erróneas posibles, y podemos tratar de sacar a relucir algo sobre ella que creamos es digno de aprecio. Aquí, la disciplina de la virtud podría implicar abrir más nuestro corazón mientras estamos siendo atacados. Cuando la gente se te acerque con la intención de ahondar en la separación entre tú y la otra persona, ¡imagina lo sorprendida que quedará cuando empieces cantando las alabanzas de tu adversario! Puedes intentar limpiar tu nombre de diversos modos, pero a fin de modificar verdaderamente la situación, trata de ser honesto, pero también compasivo con el chismoso.

«En medio de una multitud de gente

alguien revela tus faltas ocultas y te insulta por ellas.

Considerarlo un amigo espiritual e inclinarte con respeto

es la práctica de un *bodhisattva*.»[3]

Aquí, Ngulchu Thogme hace referencia a una experiencia compartida por muchos: sales por ahí fuera con gente y a alguien se le ocurre tomarte el pelo poniendo el dedo en la llaga. Tu primer impulso podría ser cambiar de tema o negar la acusación, pero hacerlo no hace sino añadir otra capa al blindaje protector que has ido levantando alrededor de tu corazón.

Si alguien te señala una falta oculta, aunque se burle por ello, objetivamente es mejor pensar en la cuestión. Podrías darte cuenta de que la crítica es precisa. En ese caso, no deberías considerar a tu supuesto torturador como tal, sino como un amigo espiritual. Te ha permitido aprender algo nuevo sobre ti.

Por lo general, solemos buscar a un mentor o a un maestro espiritual para que nos señale nuestras carencias y defectos, pero no a un compañero del trabajo, ni siquiera a un buen amigo. La disciplina de aplicar virtud en este caso es ir más allá de nuestro orgullo herido y reconocer que cualquiera puede hacer las veces de un maestro al ofrecernos una oportunidad de crecimiento espiritual. Una experiencia así no merece ningún tipo de desquite, sino que te ofrece una oportunidad para mostrar respeto hacia tu nuevo amigo espiritual.

## Beneficios de aplicar virtud

Cuando aplicamos la disciplina de la virtud a carta cabal, se dice que experimentamos lo opuesto de lo que parece que se siente al ser atrapado por la duda. Aumenta la fe en nuestra bondad fundamental. Utilizamos todos nuestros encuentros como parte de nuestro camino de virtud, y como resultado somos como el león de las nieves, ilimitado por la mente habitual y libre para atravesar elevadas esferas de estados emocionales. Estas virtudes de las esferas superiores incluyen:

*Ennoblecimiento fundamental.* Experimentas una sensación de estar alegre. Como resultado de no dejarte arrastrar a pensar únicamente en protegerte, dispones de una enorme cantidad de energía para otras actividades.

*Sensación saludable y unitaria.* Contar con tanta energía tiene la ventaja de que te puedes ocupar de ti mismo. Te respetas lo suficiente como para comer bien y hacer ejercicio. Empiezas a tener una perspectiva general en todas las situaciones y te espabilas, representándote con gran dignidad.

*Precisión y brillantez.* No es brillantez como sinónimo de inteligencia, sino que hace referencia a contar con una cualidad radiante. Te vuelves más preciso, tanto en tus intenciones como en las acciones. Ese nivel de precisión tiene una cualidad magnética.

*Disponibilidad para otras personas.* Como no estás constantemente preocupado por ti mismo, dispones de espacio en tu corazón para estar disponible para quienes te rodean. Pasas de ocuparte de ti mismo como principal preocupación, a tratar con la misma consideración a todo el mundo con quien te encuentras.

*Bondad genuina en el comportamiento y la actitud.* Tal vez un punto de vista meramente moral no sea lo tuyo, pero si tus acciones están conectadas con la bondad fundamental, entonces serán naturalmente buenas. La gente puede empezar a percibir que tu actitud emana bondad.

*Sincronización de cuerpo y mente.* Puedes lograr tanto porque tu cuerpo y mente están completamente sincronizados. Al igual que el grupo de desmañados adolescentes cadetes convertidos en un escuadrón de instrucción digno, en tu ser existe cierta magia. Incluso al ir andando por la calle se nota en ti una cierta vitalidad, la vitalidad del león de las nieves.

## Cabalga el caballo de viento

Cuanto más nos aplicamos a la virtud, más podemos cabalgar la energía natural de nuestro ser, nuestro *caballo de viento*. En tibetano se llama *lungta*. *Lung* podría traducirse como "energía" o "viento", y *ta* quiere decir "caballo". Podemos montar la energía de nuestra vida, igual que un caballo, estando presentes con la magia que nos rodea en cada momento.

El principio del caballo de viento es que contamos con una incesante energía en nuestro interior que aprovechamos a lo largo de la jornada. A veces, cuando nos encerramos, aleján-donos del mundo que nos rodea, podemos sentirnos "bajos de energía". En realidad, estamos expresando que no estamos en comunicación con nuestro caballo de viento, con nuestro generador de actividad energética.

Aplicando virtud experimentamos el caballo de viento. Nos sentimos conectados con nuestro mundo. No nos desanimamos ni siquiera al tener que hacer frente a situaciones negativas, sino que las consideramos como una oportunidad para abrirnos más. Aplicamos la disciplina de no escapar del momento presente, de no huir de la dificultad. En vez de eso, nos asomamos y abrimos más al mundo, cabalgando sobre la energía natural de nuestra vida.

# 12. Súbete al carro de tu vida

Imagínate sentado en una playa calurosa y repleta de gente. Al mirar a tu alrededor ves a personas discutiendo por tonterías, sintiendo deseo unos de otros, intentando hallar el mejor hueco en la arena que proclamar de su propiedad, rechazando los avances de cualquiera que se acerque. La misma orilla está repleta de basura, y sentarte te hace sentir incómodo. Tras permanecer en esa sucia y burda playa durante un rato, haces un esfuerzo consciente de dejarla atrás.

Entras en el mar y nadas vigorosamente, alejándote de la playa. Sigues, continúas adelante, a pesar de las olas que llegan e intentan hacer que regreses. Cuando se acerca una ola grande, te sumerges bajo ella, utilizándola como una refrescante experiencia, en lugar de considerarla como un obstáculo. Cuando das media vuelta y observas la playa, solo sientes repulsión, lo cual hace que te alejes más.

Empiezas a vislumbrar, allá a lo lejos, otra orilla, que te inspira a nadar más rápido y con más furia que nunca antes. Al final alcanzas la nueva playa. La arena es estupenda, el aire fresco y despejado y estás encantado de haber dejado la orilla del sufrimiento atrás.

Pero al mirar hacia el lugar del que procedes, tu corazón se duele porque todo el mundo sigue en esa playa, y porque parecen todavía más angustiados que cuando les dejaste. Y piensas: «Si la gente de allí se diera cuenta de que sufre y se esfuerza demasiado, también podría llegar hasta esta orilla tan agradable y fresquita». Deseas ayudarlos a conseguirlo, y empiezas a nadar de vuelta para intentar mostrarles esa otra orilla. Ese es el periplo del *bodhisattva* iluminado.

Muchos de nosotros ya hemos mirado alrededor y nos hemos dado cuenta de que nuestro día en la playa no es igual que el que pintaban en el folleto. Por todas partes hay dolor, angustia y agresividad. Al igual que muchos e importantes maestros budistas antes que nosotros, suspiramos por alejarnos de ese sufrimiento. Eso se parece a entrar en el mar.

Hay una historia acerca del Buda en la que lanza su cuenco de ofrendas al río y este empieza a remontar el cauce contra corriente. De la misma manera, nosotros comprendemos que si hemos de alejarnos de esta orilla de dolor y angustia, debemos esforzarnos e iniciar una actividad contraria a la manera en que las personas suelen hacer las cosas. Cuando aparece un gran obstáculo en nuestro camino, no intentamos evitarlo; en lugar de ello, lo utilizamos como parte del sendero. Nos sumergimos bajo la ola de un obstáculo, y salimos al otro lado más frescos. Cuando comprobamos que los demás siguen perdidos en sus pautas habituales, lo sentimos por ellos, y utilizamos este conocimiento como combustible para hacer otra cosa que no sea reaccionar como solemos hacerlo.

Para muchos de nosotros, eso es estar en el camino. Nos encontramos en mar abierto, o bien lidiando con las olas que nos empujan hacia nuestra esfera habitual, o bien lanzándonos a ellas y descubriendo nuevas y compasivas formas de relacionarnos con la adversidad. En algún momento de este prolongado chapuzón, vislumbramos la otra orilla y eso nos inspira a alcanzarla. Esa otra orilla es la iluminación.

## Ir a la otra orilla

Al entrar en el camino del *bodhisattva* veremos que existen seis principios que resultarán de una increíble utilidad en nuestro largo viaje hacia el despertar. Son las seis *paramitas*, o acciones trascendentes. *Param* puede traducirse como "la otra orilla", mientras que *ita* significa "llegado". Practicando esas seis perfecciones podemos navegar diestramente a través de los obstáculos de nuestra vida para acabar alcanzando la otra orilla de la iluminación.

Esas seis *paramitas* te ayudan a soltar el ego y abrir la mente a una perspectiva más amplia, la de una inquebrantable iluminación. Son: generosidad, disciplina, paciencia, esfuerzo enérgico, meditación y *prajña* (conocimiento superior).

## Generosidad

El león de las nieves es exuberante porque no se aferra a nada. Las emociones intensas y la duda no le pesan, así que ¿por qué debería aferrarse a ninguna posesión material? Es increíblemente generoso porque sabe que actuar de ese modo le reportará oportunidades de ser una persona más amable y delicada. El camino del león de las nieves advierte cuando te sientes mezquino en la vida y utiliza ese conocimiento para que puedas ofrecerte totalmente en esas situaciones.

Desde un punto de vista budista, la generosidad no trata de ayudar a alguien que esté por debajo de nosotros. No ofrecemos dinero a un sin techo porque consideremos que somos mejores que él. Realizamos ofrendas porque comprendemos que a nivel del corazón todos poseemos la misma bondad fundamental.

Hay ocasiones en que podemos sentirnos cortos de dinero o muy ocupados. Durante años he presidido un comité de recaudación de fondos con la misión de intercambiar ideas acerca de cómo estimular más la generosidad en el seno de una comunidad budista. Cuando llegó la crisis económica en 2008, iniciamos nuestra reunión anual con malas noticias: la gente no podía ofrecer dinero como en el pasado. El resultado fue que algunas organizaciones con las que trabajábamos y que dependían mucho de donaciones empezaron a pasarlo mal.

Tuvimos la oportunidad de cerrarnos y mostrarnos reacios a aceptar nuevas ideas sobre cómo recabar fondos en ese entorno, pero en lugar de ello adoptamos la estrategia opuesta. Aunque nos habían encargado recaudar fondos, sentíamos que la gente podía ofrecer otras muchas cosas. Fue entonces cuando adoptamos nuestra nueva consigna: «Todo el mundo tiene algo que dar».

La generosidad se basa en saber que eres capaz de dar y de ir incluso un poco más allá. Es pasar por un mal mes, pero saber que otros seres lo pasan peor, y por ello disponer de tiempo para ayudar a los demás, tal vez participando en tareas de voluntariado en un refugio local para animales abandonados. Es ver cómo va bajando tu saldo bancario, pero ofrecer a tus amigos un préstamo porque ellos lo pasan peor que tú. Es sentir que llegas tarde, pero quedarte con alguien que sufre y que quiere descargarse. Saber qué es lo que puedes dar ha de estar basado en ocuparte de ti mismo, pero también en saber hasta dónde puedes traspasar tu umbral de comodidad a fin de beneficiar a otros.

Cuando los tiempos son especialmente duros, tal vez no puedas ofrecer al sin techo algo de tu "colchón". Si es el caso, ofrece una sonrisa. Ofrece contacto ocular y di: «Lo siento, pero hoy no puedo ayudar». Aunque no puedas ofrecer ayuda económica, estarás realizando una ofrenda en forma de interacción genuina.

La idea de que todo el mundo tiene algo que ofrecer está basada en el conocimiento de que todos somos fundamentalmente buenos. Podemos aprovechar la fuerza delicada de nuestra bondad fundamental y ofrecerla en cualquier situación que nos encontremos. Cuando estamos conectados con nuestra *bodhichitta*, nuestro corazón despierto, anhelamos ofrecer algo, lo que sea. Podemos ofrecer nuestra riqueza, nuestro tiempo o nuestro apoyo emocional, pero mientras se trate de una ofrenda genuina desde el corazón, estaremos creando un cambio en esta tierra.

El lado positivo es que en nuestro largo periplo hacia la otra orilla el mundo siempre nos proporcionará oportunidades para ofrecernos a nosotros mismos. Cuando nos veamos frente a alguien que nos pide algo, recordemos que la generosidad es una manera de aflojar nuestro ego. En palabras del Sakyong Mipham Rimpoché: «Aferrarse a algo es una manera de aferrarnos a nosotros mismos».

## Disciplina

Virtud y disciplina van de la mano. Tal y como ya vimos en el capítulo 11, la disciplina no trata de obligarte a seguir un conjunto de normas fijo, sino que se basa en señalar a tu mente la perspectiva de la bondad fundamental.

La disciplina del león de las nieves está enraizada en el discernimiento del tigre. Cuando descubrimos qué aspectos de nuestra vida producen virtud y cuáles desvirtúan, el camino del león de las nieves es mantenerse firme y acometer las acciones que reportan alegría. A menudo, esas acciones se basan en la virtud y la compasión. Para el *bodhisattva* que se está formando en trabajar con obstáculos, la disciplina de estar totalmente presente y ser valiente de corazón es lo que le hará avanzar en el camino espiritual.

## Paciencia

El león de las nieves es infinitamente paciente. La paciencia es algo que nuestros padres nos aconsejaron cultivar. Pero nunca queremos serlo; es algo parecido a la disciplina, que parece que nos haya caído encima como si fuese una necesidad de la vida.

Nuestro sentido convencional de la paciencia es un enfoque de "esperar a ver qué pasa". Por ejemplo, recibimos un mensaje de texto de nuestra pareja que dice: «Tenemos que hablar», y hemos de ser pacientes y esperar hasta verla personalmente para mantener esa conversación. Mientras tanto, hemos estado sentados y preguntándonos si se tratarán de buenas o malas noticias, con el deseo de acabar con esa experiencia (sea la que sea).

Desde una perspectiva budista la paciencia no es una actitud de "esperar a ver qué pasa", sino más bien de "estar ahí". Es algo que podemos disfrutar cultivando. Cuando te sientas en el cojín de meditación, se te puede manifestar una emoción intensa, como el miedo. Puedes empezar a pensar: «¿Y si mi presentación no sale bien mañana?». Este temor empieza a apoderarse sigilosamente de ti, aumentando a la vez que tu mente inicia una espiral sin fin imaginando distintos escenarios basados en el miedo. Aplicar paciencia en este caso no es más que estar presente con la emoción, permitir que cambie, que suba y baje, mientras retornas a la respiración una y otra vez.

La paciencia también puede basarse en no esperar nada. Piensa en la paciencia como en un acto de permanecer abierto a todo lo que surja en tu camino. Cuando empiezas a solidificar expectativas, te frustras porque nunca se cumplen tal y como habías deseado. Cuando te relajas con lo que sea que aparece, sin teñirlo con tus propias proyecciones, entonces no hay por qué impacientarse. Sin una idea fija sobre cómo se supone que debe ser algo, es difícil quedarse estancado en cosas que no han sucedido en el plazo que esperabas. Y permaneces presente ahí, abierto a las posibilidades de tu vida.

## Esfuerzo enérgico

Mientras salta de cima en cima, el león de las nieves evade la trampa de la duda con un esfuerzo enérgico. En distintos momentos de tu viaje puedes caer en la trampa de la duda y empezar a cuestionarte lo que realmente hacemos al practicar estas cualidades. Miramos a la playa que ha quedado atrás y decimos: «Tal vez no estuviera tan mal. Sí, claro, hacía bochorno y estaba sucia y la gente era agresiva, pero que te sacuda así el mar tampoco es ninguna maravilla». Empezamos a hundirnos en la negligencia y permitimos que las olas nos den una buena tunda.

Cuando sentimos pereza, debemos saber que se trata de una señal de que es necesario participar más en el mundo. Si tu práctica empieza a ser menos frecuente, intenta hacer algún tipo de voluntariado o a pasar cierto tiempo con alguien que necesite ayuda.

Cuando te esfuerzas por los demás, el resultado es una desenvoltura natural. Vuelves a conectar con tu bondad fundamental y hallas inspiración adicional para tu camino. La vida deja de parecer un fastidio. Y puedes apreciar todos los detalles de tu mundo, incluyendo prepararte la cena, ir al cine con tus amigos y pagar tus impuestos. Puedes esforzarte enérgicamente para estar presente en todas esas actividades, cimentando tu experiencia en tu fortaleza innata, en tu bondad fundamental.

## Meditación

El león de las nieves mantiene la conciencia meditativa a fin de poder saber cómo resultar útil a los demás. Quizá parezca obvio, pero un *bodhisattva* opera siempre con la mente de meditación mientras hace frente a los obstáculos que surgen en su vida. Te familiarizas íntimamente con tus propios estados emocionales en el cojín de meditación. Sabes que aferrarte a la sensación de un sí-mismo real y sólido solo te produce más daño. El camino del *bodhisattva* implica deshacerse de todas esas nociones fijas y orientarse hacia la vida tal y como es ahora. Estando constantemente presente con tu mundo, dispones de la oportunidad de transformar cualquier adversidad en una oportunidad para practicar la compasión.

## Prajña

Esas *paramitas* son buenas como tales, pero a fin de emplearlas con habilidad necesitas seguir el ejemplo del león de las nieves y desarrollar tu propia *prajña*, o "conocimiento superior". *Pra* podría traducirse del sánscrito como "super", y *jña* como "saber". Así pues, *prajña* es conocimiento superior, o para ser un poco más prolijo, sabiduría intuitiva discriminadora. *Prajña* significa que al aplicar discernimiento y una gran conciencia, podemos ver las cosas tal cual son.

*Prajña* es la cualidad de ver una situación sin proyectarse en ella. Es apartar la "mi-edad" de un problema para así poder hallar la mejor solución. Cuando tu ego no está implicado a la hora de determinar la mejor medida, has eliminado la barrera más importante que impide ver una situación tal cual es.

Cuando prestas atención a una situación sin teñirla con tus opiniones, surge la oportunidad de hacer lo que resulta más apropiado. Se trata de otro de esos momentos de "espíritu de comprobación" que tiene el budismo. Cuando te enfrentas con un tema, tanto en el trabajo como con amigos, da un paso atrás, abandona tu opinión sobre el tema y da mucho espacio a la situación. Mientras descansas en ese espacio, observa si surge una solución de manera natural. En ese momento, aplicar una de las anteriores *paramitas* podría ser el mejor remedio.

Las *paramitas* son trascendentes porque están insufladas de *prajña*. *Prajña* es la inteligencia que convierte en hábiles los medios. Es el conocimiento de que hemos de dejar de lado nuestras opiniones a fin de tener acceso a una idea más vasta sobre cómo tratar una situación.

Un verano tuve la oportunidad de ver *prajña* en acción, cuando vivía en Karmê Chöling, un centro de retiro en el campo de Vermont. Fue un verano especialmente activo, con varios centenares de personas practicando meditación. Tanto el personal de la cocina como el del huerto trabajaban día y noche para alimentar a todo el mundo. La tensión empezó a aumentar según la gente iba agotándose.

Un día, uno de los que trabajaba en el huerto pasó corriendo por el parterre con una caja repleta de tomates y entró en la cocina. Con las prisas, dejó la caja justo encima de lo que estaba preparando alguien. Y parece que no era la primera vez que sucedía.

Mientras el hortelano regresaba a su labor, la puerta de la cocina se abrió. Apareció el jefe de cocina con la caja de tomates en las manos, sin decir ni mu, la lanzó en dirección al del huerto. La caja aterrizó en el suelo, justo al lado del que la había dejado en la cocina, y los tomates salieron despedidos en todas direcciones.

Durante un instante, todos los presentes se quedaron de una pieza. El jefe de cocina miró furioso al hortelano. Este le devolvió la mirada. Y tras lo que pareció una eternidad, cada uno de ellos dio media vuelta y salió pitando hacia sus respectivos trabajos.

En ese momento se manifestó un movimiento de opinión. Algunos empezaron a hablar de lo inapropiado que había sido aquello en un centro de meditación. Otros pensaron que hacía falta más meditación. Otros más consideraron que había que despedir a ambos hombres. Todo el mundo tenía su propia opinión sobre lo que había que hacer.

En medio de todo aquel raudal de opiniones, se alzó un joven, y sin decir palabra, tomó la caja y empezó a recoger los tomates, uno a uno, y a devolverlos al interior de la caja. Luego apartó la caja de la escena del crimen, de manera que la cuestión pudiera resolverse una vez que se despejase la nube de enfado.

No recuerdo exactamente qué pasó a consecuencia de ese enfrentamiento. Y dudo que nadie lo recuerde. Lo que sí recuerdo es que en el momento en que todo el mundo parecía tener una opinión particular, un joven atravesó la nube de enjuiciamiento viendo la situación con claridad. Supo que lo mejor que podía hacerse en ese caso era dejar el ego en la puerta. Una vez que así lo hizo, se dio cuenta de lo que nadie más parecía ver: había que recoger los tomates y dejar que pasase la tormenta. Ofreció espacio en medio de la compasión. Eso fue lo más compasivo que pudo suceder.

Al igual que aquel joven, nosotros tampoco hemos de considerar las *paramitas* como empeños gigantescos de bondad que habría que planear. No hemos de convertirnos en superhéroes y luchar contra el mal en cada esquina. En lugar de ello, podemos estar presentes en nuestro mundo y ofrecer ayuda cuando surja la oportunidad. Puede tratarse de recoger una botella en la acera y llevarla hasta la papelera, firmar un cheque para enviar a una ONG que nos guste o tal vez baste con sujetar la puerta del ascensor para esperar a alguien.

Cuando nos inclinamos en ese sentido y adoptamos las *paramitas*, las oleadas de obstáculos que se manifiestan ya no nos zarandean. Sabemos cómo lidiar con esos obstáculos y utilizarlos como parte de nuestro viaje. De hecho, estamos encantados de disponer de la oportunidad de aplicar generosidad, disciplina, paciencia, esfuerzo, meditación y *prajña*. Sabemos que hacerlo beneficia a otros, pero también nosotros nos desarrollamos como *bodhisattva*s en formación.

Aplicando las seis *paramitas*, navegamos por nuestra existencia samsárica con gracia y dignidad. Son las herramientas que han perfeccionado a lo largo de años de práctica todos los maestros iluminados del pasado. Si seguimos sus pasos, nosotros también alcanzaremos la otra orilla. Al igual que esos maestros realizados, cuando alcancemos la orilla de la iluminación y miremos atrás, hacia todos los que sufren, sentiremos la necesidad de ayudarlos. Se dice que esos grandes maestros de meditación regresaron al agua y volvieron a la orilla del sufrimiento para intentar conducirnos a todos hacia el verdadero despertar. Todo comienza con las seis *paramitas*.

## Práctica de contemplación sobre la benevolencia

Para empezar a contemplar las *paramitas*, prueba esta *maitri*, o contemplación de benevolencia. Empieza sentándote durante unos minutos practicando *shamatha*. Utiliza esta corta sesión de meditación como una oportunidad para conectar con tu ser espacioso. Al regresar una y otra vez a la respiración estarás soltando todas aquellas ideas que te obsesionan.

En ese espacio, lo primero es que te deseas a ti mismo verdadera felicidad. Eso no tiene por qué ser un enorme enigma esotérico. Puedes aspirar a alcanzar cosas sencillas, como conseguir dormir más de lo que has dormido últimamente, tener un buen fin de semana o disfrutar de una salida con los amigos. En última instancia, deséate una sensación general de felicidad. Tras un minuto o dos de ofrecerte benevolencia a ti mismo, piensa: «Que disfrute de felicidad y no sufra».

Llegado a ese punto, recuerda a alguien a quien ames. Podría ser tu madre, tu mascota, un amante o alguien que te inspire una profunda sensación de adoración. Recuerda su imagen, alguna cualidad que tengan de la que disfrutes o incluso bastará con su nombre. Luego deséale felicidad en términos tan concretos como te sea posible. Puedes pensar para ti mismo: «Ojalá consiga ese trabajo», o: «Espero que mamá disfrute de un feliz día de cumpleaños mañana». Si no se te ocurre nada concreto, bastará con que desees a esa persona una sensación general de felicidad, salud y bienestar. Concluye esta parte al cabo de algunos minutos diciendo: «Que esa persona [di su nombre] sea feliz y no sufra».

Intenta hacer lo mismo con un amigo. Puede ser alguien que te anima en momentos en que estás deprimido, o alguien que ves de higos a brevas para tomar una cerveza. Piensa en ese amigo y en lo que está pasando en su vida. Deséale éxito y felicidad, concentrándote en eso unos pocos minutos. Luego finaliza esta sección de contemplación pensando: «Que sea feliz y no sufra».

A continuación piensa en alguien a quien no conozcas tanto, pero a quien veas con regularidad. Podría ser la persona que lleva la lavandería del barrio, un compañero de clase, un cartero o cualquiera por quien no tengas sentimientos profundos. Como no lo conoces muy bien, los problemas de su vida no te quitarán el sueño. Aunque tal vez no sepas mucho de esa persona, intenta desearle felicidad. También esa persona quiere ser feliz, igual que tú. Al cabo de un par de minutos, di para ti mismo: «Que sea feliz y no sufra».

Recuerda ahora a alguien que realmente no te guste nada. A ese alguien se le conoce tradicionalmente como tu enemigo. Suponiendo que no tengas un archienemigo, te recomiendo que pienses en alguien con quien parece imposible que hagas migas. Aunque aparezcan intensas emociones al pensar en esa persona, intenta desear que sea feliz en cualquier forma que te sientas cómodo. Puedes también concretar y desear que le salga bien ese esfuerzo deportivo o que encuentre la felicidad con una nueva pareja. Al cabo de unos pocos minutos de trabajar con esa persona, concluye diciendo: «Que sea feliz y no sufra».

Llegados a este punto, permite que la benevolencia aumente lo suficiente para incluir a todos los seres a los que acabas de contemplar. No consideres a algunos como amigos y a otros como enemigos. Disuelve los límites de opinión y deséales felicidad como grupo: «Que sean felices y no sufran». Descansa en esa sensación durante uno o dos minutos.

A partir de aquí, amplía todavía más la benevolencia. Ofrece la emoción con la que has estado trabajando a todos los seres, sin discriminar. Puedes empezar cerca de casa, en tu barrio, deseando felicidad a todo tu edificio. Luego ve más allá, ofreciendo felicidad y liberación del sufrimiento a todos los habitantes de tu población, estado, país, etc., hasta que tu benevolencia incluya a todo el mundo. Puedes pensar para ti mismo, o incluso expresarlo en voz alta: «Que todos los seres sean felices y disfruten de la raíz de la felicidad».

Permanece atento a todo lo que surja a partir de esta contemplación. Haciendo uso de las palabras concretas, relájate con el significado de la aspiración y la experiencia de amor. Permite que el amor llene tu corazón hasta el punto de que rebose y alcance a todos los seres. Descansa tu mente en ese estado.

Puedes utilizar esta práctica con regularidad como una manera de animarte a ampliar tu corazón para incluir a los demás. Si practicas esta contemplación benevolente por la mañana, es posible que acabes por descartar cualquier duda que pudieras albergar respecto a comprometerte con las prácticas de un *bodhisattva*.

Luego, al final de la jornada, puedes reflexionar en hasta qué punto has deseado felicidad a los demás y hasta qué punto has aplicado las *paramitas* en tu vida. No se trata de pasar un examen; si te parece que no trabajaste mucho con esos principios durante el día, alienta tu deseo de lograrlo más al día siguiente. Si te parece que has aplicado prácticas de benevolencia y compasión en tu día, deberías celebrarlo de la manera que te parezca más apropiada.

# 13. Aporta luz a un mundo oscurecido

Llega un momento en el camino espiritual en que ya no se trata de nosotros, sino de provocar un impacto en este mundo. La elección es sencilla: podemos dejarnos superar por el deseo rampante, la agresividad y la ignorancia que nos rodea, o podemos hacerles frente dando la cara.

Podemos aplicar la disciplina del león de las nieves para ir más allá de nuestra rutina habitual y hacer frente a las situaciones difíciles con compasión, la disciplina de la virtud y las seis *paramitas*. Si tomamos ese camino, aportaremos esplendor y luminosidad incluso a los rincones más oscuros de nuestro mundo. Exploremos cómo podemos aplicar las herramientas del león de las nieves a las principales áreas de nuestra vida: a nuestro horario laboral, familia, dinero, voluntariado y liderazgo compasivo.

## Trabajo

El león de las nieves sabe que todo el mundo con el que se encuentra en su jornada es digno de su compasión. La mayoría de nosotros pasamos gran parte de nuestras horas de vigilia rodeados de personas cuya compañía no elegiríamos necesariamente. Son nuestros compañeros de trabajo, jefes, condiscípulos y profesores. Algunas de esas personas resultan molestas, otras parecen siempre angustiadas, mientras que otras son simplemente desesperantes. No podemos pasarnos el tiempo en el trabajo o en clase soñando en cuándo nos libraremos de toda esa gente. Si queremos ser verdaderos guerreros en el mundo, debemos anclarnos en nuestra situación actual y aplicar nuestra actividad compasiva a esas personas difíciles.

Quizá nos puede ser útil tener una lista de las seis *paramitas* en el escritorio. Te recomiendo escribir cada una en una tarjeta y mantener esas tarjetas apoyadas en un soporte sobre la mesa frente a ti. Cuando contestes al teléfono y alguien empiece a despotricar sobre que deberías haber hecho una tarea de forma diferente, puedes sentirte inclinado a colgarle o a contestarle. Imagina qué bendición sería si en ese momento tu mirada fuese a caer en una palabra: *paciencia*. Ya podría despotricar todo lo que quisiera, hasta cansarse, mientras tú te mantendrías tranquilo aplicando esa *paramita*.

Te garantizo que a todo lo que te enfrentas en tu jornada de trabajo puedes aplicarle al menos una *paramita*. Puedes utilizar generosidad para pagarle el almuerzo a un compañero que va mal de dinero y que mira con anhelo tu bocadillo. Cuando una reunión empieza a descontrolarse, puedes sintonizar con la mente meditativa y devolver la conversación a un nivel soportable. Siempre que te enfrentes a una situación laboral complicada, valdrá la pena que repases las seis *paramitas* mentalmente para ver con qué creatividad puedes aplicar cada una de esas herramientas.

## Familia

Nuestra vida familiar puede ser un excelente campo de pruebas para la práctica espiritual. Por ejemplo, en la vida llega un momento en que todos comprendemos que nuestros padres no lo tienen todo controlado. Sí, puede que tu madre o padre cuenten con un empleo sólido, se las hayan arreglado para seguir casados e incluso hayan conseguido mantener su colesterol a un nivel aceptable, pero, aun así, puede que sean los primeros en admitir que no tienen sus vidas solucionadas. No tenían ningún manual para saber cómo criarte o saber qué profesión elegir, y eso significa que tú no heredarás dicho manual. Esa comprensión puede provocar angustia, confusión y desilusión.

El camino del león de las nieves no es ceder ante ese tipo particular de duda. En un momento dado, la relación entre padres e hijos cambia. No tiene por qué horrorizarte el que tus padres no sean seres que se lleven perfectamente bien. Saber que esto es así puede facilitar la aparición de la compasión. En lugar de esconder la cabeza bajo el ala frente a complicados temas familiares, podrías aplicar la disciplina de la virtud iniciando un diálogo acerca de los mismos. Tu comunicación puede convertirse en una dirección de doble sentido, de manera que tanto tú como los miembros de la familia puedan aprender más unos de otros. Parte del demostrar compasión por nuestros familiares (por todos ellos, no solo por nuestros padres) implica estar dispuestos a escucharlos al hablar de temas que tanto a ellos como a nosotros nos pueden resultar potencialmente dolorosos.

Sabemos por experiencia que nuestra vida se desmorona de muchísimas maneras todo el tiempo. Cualquier ilusión de seguridad que podamos creer que hallaremos en circunstancias externas podría desvanecerse en un abrir y cerrar de ojos. Las personas que nos son más queridas, nuestros familiares, experimentan lo mismo. Por doloroso que sea verlos luchar, hay momentos en que lo más compasivo pueda ser estar totalmente presentes con ellos mientras atraviesan todos esos desafíos. Ofrecer nuestro apoyo, incluso cuando resulta difícil hacerlo, es una acción digna de un *bodhisattva*.

## Dinero

En el capítulo 7 exploramos cómo aplicar las cualidades del tigre al crear una relación saludable con el dinero. Pero tratar al dinero como parte de nuestro camino espiritual no implica únicamente nuestra relación personal con la riqueza. Siempre que utilizamos dinero, entramos en relación con los demás. Haciendo uso de las *paramitas* de generosidad y disciplina podemos investigar de qué manera afecta el dinero al mundo que nos rodea. Si lo usamos correctamente, comprobaremos que es verdad el tradicional dicho budista: «La generosidad es la virtud que produce paz».

Utilizando el discernimiento del tigre vemos cómo puede gastarse el dinero de una manera que nos haga sentir bien (un buen regalo de cumpleaños para una amistad), así como maneras de sentirse menos complacido (un videojuego muy caro comprado a causa de un impulso, que nos deja con los bolsillos vacíos cuando llega el momento de llevar a comer a nuestra sobrina). Empezamos a darnos cuenta de qué pautas de gasto nos hacen felices y cuáles nos hacen sentir desgraciados.

A partir de aquí podemos aplicar la disciplina del león de las nieves para poder continuar con nuestro discernimiento. Si descubrimos que disfrutamos al patrocinar a niños pobres del extranjero, entonces la disciplina del león de las nieves sería seguir ese camino hasta conectar realmente con esa persona o aumentar nuestro nivel de generosidad. Si vemos que no nos gusta pagar demasiado al ir al supermercado, la disciplina del león de las nieves sería salir de nuestro barrio e ir a otro súper más económico.

Algunas personas quizá quieran invertir su dinero. Sabiendo que la manera en que gastamos nuestro dinero tiene un efecto en el mundo en que vivimos, hemos de saber a dónde va a parar. Quizá tengas la oportunidad de poder decidir entre invertir en algo que ofrezca la mayor rentabilidad y algo que ocasione el menor perjuicio. Esas decisiones son importantes porque no solo se basan en tu bienestar económico personal, sino en nuestra economía global, lo que significa que afectan a personas en todo el mundo.

También puede proporcionarte una gran alegría ofrecer dinero a beneficencia. Dar un poco más de lo que normalmente te haría sentir cómodo te permite aumentar la musculatura de tu generosidad. No solo estás provocando un impacto en el mundo, sino que también te permite desarrollarte como persona. Puedes considerar el dinero como una herramienta que beneficie al mundo. Ya no consideras el dinero en un escenario de "yo contra el mundo", sino que puedes utilizarlo para ennoblecer tanto al mundo como a ti.

## Voluntariado

Para mí, la manera más sencilla de emprender el camino de un *bodhisattva* es el voluntariado. Cuando aportas tu práctica meditativa a las zonas desatendidas de tu comunidad, es como entrar en una cueva oscura con una linterna. Tu corazón abierto es luminoso, y alcanza con su luz a todo el mundo directamente.

No hace mucho leí que una de las principales resoluciones de Año Nuevo en Estados Unidos es prestar más labor de voluntariado. Es una aspiración muy general, como pasar más tiempo con la familia y los amigos, pero aparece en esa lista un año tras otro. Como nación, parece que los estadounidenses queremos ayudar. Pero a menudo no modificamos nuestra rutina habitual lo suficiente como para hacerlo.

Hace pocos años, mi maestro Sakyong Mipham Rimpoché pidió que sus estudiantes optasen por un puesto de voluntariado formal. Yo mismo acabé cenando con un amigo que trabajaba en una residencia de cuidados terminales, y antes de darme cuenta me había convertido en voluntario activo de la residencia, y dediqué parte de mi tiempo a tres ancianos que habían entrado en el proceso terminal.

Los tres estaban en una etapa muy avanzada del proceso, demasiado como para que yo pudiera establecer una relación a largo plazo con ellos. Lo máximo que pude hacer fue ofrecer mi presencia. Eso implicaba muchas horas de mantenerme presente mientras dormían, o bien hablar con ellos de cualquier cosa que les pasase por la cabeza mientras estaban despiertos. No fue complicado ni una pérdida de tiempo. En realidad, fue refrescante por lo sencillo y simple que resultó. Solo tenía que ofrecerme a mí mismo, y me aceptaron sin críticas.

A pesar de la falta de profundidad de nuestras conversaciones, me sentí muy cerca de todos ellos, y cuando fallecía uno, me sentía muy triste. Sin darme cuenta, esas relaciones me afectaron profundamente. Aunque alguien puede pensar que solo estaba ofreciéndoles un servicio, lo cierto es que aprendí mucho al entender algo de sus vidas y observarles mientras luchaban con la vejez y la muerte.

Cuando aceptas comprometerte formalmente con un voluntariado, esta experiencia puede cambiarte la vida. Puede enseñarte valiosas lecciones a la vez que dulcifica tu existencia. Si no puedes comprometerte en un voluntariado formal, considera si podrías dedicar parte de tu tiempo a ayudar a los demás en tu vida cotidiana. El león de las nieves sabe que dedicar tiempo a los otros ilumina un poco más el mundo y puede resultar tan refrescante como una clara mañana de otoño.

## Liderazgo compasivo

La semana pasada estuve enseñando una clase de meditación y una estudiante mencionó que se sentía abatida por el número de —en sus propias palabras— «empresarios indignos» que ocupaban puestos directivos en las grandes empresas del mundo. «¿Dónde —preguntó— están los modelos en los que podemos fijarnos para ser personas dignas en el trabajo?».

No hay una respuesta sencilla para esa pregunta, tal vez porque nuestros ejemplos de conducta empresarial ética son escasos e infrecuentes. Por eso, muchos de mis propios modelos son líderes en campos no empresariales. No obstante, si trabajamos en un entorno empresarial o en cualquier sitio donde se recompense la codicia, dependerá de nosotros utilizar la máxima de Mahatma Gandhi: «Conviértete en el cambio que quieres ver en el mundo».

Si empezamos dando ejemplo, practicando compasión, la disciplina de la virtud y las seis *paramitas* en nuestras oficinas, escuelas y fiestas, la gente se fijará en ello. Esos principios del león de las nieves son muy atractivos. Escasean en el mundo de hoy en día y por ello son fácilmente reconocibles. Sin necesidad de ocupar una posición de liderazgo, la gente se sentirá atraída hacia ti, pidiéndote consejo y en busca de orientación.

Con solo practicar abrir el corazón todos los días, la gente te considerará como alguien digno de su respeto. Puedes invertir la actual cultura basada en ponerse uno antes que los demás. No tienes que ser un "empresario indigno" para abrirte camino. En lugar de ello, puedes modelar un nuevo y franco estilo de liderazgo. Tú mismo puedes convertirte en ejemplo de cómo liderar eficazmente y de forma compasiva.

Existe un número infinito de maneras en las que aplicar las cualidades del león de las nieves en nuestro camino del guerrero. Las anteriores no son sino meras sugerencias sobre cómo aplicar compasión, la disciplina de la virtud y las seis *paramitas* al mundo que te rodea. Cuanto más te sumerjas en el mundo y más participes en él, más oportunidades identificarás de emplear las cualidades del león de las nieves.

A fin de ser mañoso a la hora de convertir en aliadas las dificultades en el terreno por el que discurre tu camino, deberás desarrollar fe en tu bondad fundamental y estar dispuesto a ofrecer *bodhichitta* cada día de tu vida. Ese generador de actividad compasiva ilumina los obstáculos y los convierte en viables. La belleza de estas enseñanzas es que al aportar *bodhichitta* a todos los aspectos de tu vida no solo estás ofreciendo compasión a otras personas, sino que descubrirás la verdadera alegría en ti mismo.

El mundo está hambriento de cualidades como la atención plena y la compasión. Necesita una nueva generación de líderes que aspire a una cultura basada en la empatía y la sabiduría. Nosotros podemos ser esos líderes. Podemos crear una sociedad iluminada. Podemos ayudar a transformar el mundo con el poder de un corazón abierto.

# Parte III:

# Lánzate al espacio

# 14. Arráncate la flecha del ojo y observa el mundo con más claridad

La otra noche tomé una copa con un amigo. Él pasaba por un mal trance, una ruptura, y hacíamos lo que todos hacemos cuando pasamos por una ruptura: intentar identificar las causas y condiciones que llevaron al fracaso de la relación. En un momento dado levantó la vista de la cerveza y extrajo una conclusión: «Esperaba demasiado de ella. Y ella de mí».

En cierto sentido, cada una de las partes quería algo de la otra que esta no estaba dispuesta a dar. Cada una de ellas también esperaba que la otra cambiase con el tiempo, a fin de adaptarse a esas expectativas. Tal y como mi amigo había descubierto, siempre que fijamos expectativas rígidas, podemos estar seguros de que acabaremos decepcionados.

Este principio básico no solo vale para las relaciones sentimentales, sino también para cualquier otro aspecto de nuestra vida. Para algunas personas, ir a casa a visitar a sus padres equivale a sufrir una regresión a su adolescencia. Esperas entrar en la casa de tu niñez como un adulto, pero hay viejas ideas que flotan en el ambiente, y en lugar de hablar de política y películas, resulta que te encuentras sacando la basura, recogiendo hojas del jardín y metido en la acostumbrada discusión sempiterna con tus padres. Este nivel de expectativa no es el que esperabas, pero tiende a asomar las orejas una y otra vez adoptando distintas formas. Las expectativas son unos animalejos desagradables que tienden a embaucarnos.

## Las flechas de la pasión, la agresividad y la ignorancia

Cuando observamos las expectativas, vemos que constan de dos factores principales: esperanza y temor. Esperamos hallar la felicidad en un nuevo puesto en el trabajo, pero tememos estar rodeados por la misma mentalidad empresarial que despreciamos. Esperamos que nos hagan un buen regalo de cumpleaños. Tememos ese barrio terrible en nuestro camino de regreso a casa. Sea cual sea la situación, ansiamos placer y tratamos de evitar cualquier dolor potencial. La existencia de casi todo el mundo está gobernada por esas simples reacciones.

Hay una imagen tradicional del samsara que goza de gran popularidad. Oficialmente conocida como los doce eslabones de la causalidad, describe doce piezas que se unen para conformar la sólida sensación del "mí" que todos paseamos por ahí a lo largo de nuestra vida. Uno de esos eslabones habla de un hombre con una flecha en su ojo.

Por atroz que pueda parecer, a mí me gusta esa imagen. Ese tipo con la flecha clavada en el ojo representa la manera en que desarrollamos sensaciones acerca de nuestro mundo. Cuando percibes algo, sea un pedazo de tarta o una nueva o posible actividad profesional, lo más probable es que albergues una de las tres reacciones básicas, fundamentadas en la esperanza y el temor. Puedes desearlo, y ocuparte en desearlo y anhelarlo de forma activa. Puedes distanciarte agresivamente de ese objeto, despreciando la posibilidad de obtenerlo y luchando contra la misma. O bien puedes limitarte a ignorarlo, con la esperanza de que acabe desapareciendo. Sea lo que sea lo que se manifieste en tu vida, puedes contemplar con qué rapidez tiendes a saltar a una de estas tres reacciones de pasión, agresividad e ignorancia.

Nuestro hombre con la flecha en el ojo no es distinto de ti o de mí. Quiere ser feliz. Pero tiene esa flecha clavada y le duele. Así que no deja de toquetearla. Piensa: «Si pudiera moverla un poco a la derecha, no me dolería. ¡No, no funcionó! Tendré que intentar moverla a la izquierda. ¡Ay! Vale, vale. La clavaré un poco más a ver si eso sirve de algo». Continúa buscando solo placer, y anhela deshacerse del dolor, pero haga lo que haga, nada alivia su sufrimiento.

Si no dejas de solidificar opiniones y expectativas intensas, es como si te clavases una flecha en el ojo. Es una tontería creer que hallaremos felicidad finalmente intentando cambiar las cosas para que se ajusten más a nuestros deseos. Por ejemplo, Alex odiaba tener que desplazarse en transporte público, así que se compró un coche. Mientras íbamos juntos en el coche, dijo que era estupendo, pero que le gustaría que tuviera un sistema de sonido mejor. Consiguió cambiar el sistema de sonido, pero al cabo de pocos meses empezó a quejarse de la gasolina que consumía. Y así hasta que el coche comenzó a tener averías. Ahora se refiere al coche como un "pozo sin fondo de gastos" que no hace más que arañar su cuenta bancaria sin aportarle placer alguno. Este coche nuevo es una de las muchas flechas en el ojo de mi amigo.

Nos pasamos la vida toqueteando y manipulando nuestras propias flechas. Hasta que empecemos a ir más allá de las expectativas prefijadas acerca de cómo pensamos que deberían ser las cosas, lo más probable es que no dejemos de intentar manipular las flechas, ocasionándonos más dolor mientras lo que buscamos es mayor placer.

En la segunda sección repasamos el aspirar a seguir el camino del Mahayana, o gran vehículo. El león de las nieves es un aspecto del Mahayana. Representa el Mahayana relativo a aprender a desarrollar compasión por los demás a fin de beneficiar al mundo. Se trata de un aspecto muy importante de nuestro camino espiritual.

No obstante, si de verdad quieres ser beneficioso pero tu cabeza está repleta de expectativas prefijadas acerca de cómo debería ser el mundo, lo único que conseguirás será diseminar esas opiniones fijas. Es como ofrecer consejo a alguien que todavía no te ha explicado su problema: no funcionará porque estás poniendo el carro delante de los bueyes. Del mismo modo, si no percibes la realidad correctamente, puedes pensar que estás haciendo la cosa más compasiva imaginable, cuando eso solo será tu opinión personal de la compasión, que podría entrar en conflicto o no con perspectivas ajenas.

Ahí es donde resulta de utilidad la perspectiva absoluta del camino Mahayana. Este aspecto del periplo Mahayana observa directamente la realidad y cómo la percibimos. Por lo general, es probable que ahora te experimentes a ti mismo como un yo sólido, como un "mí" fijo con ciertas opiniones y maneras de hacer las cosas. A veces, el mundo que te rodea apoya lo que quieres hacer, pero en otras ocasiones te sientes zarandeado por el mundo como si fueses una pelota de playa en un concierto de la Dave Matthews Band.

Gracias a nuestra exposición en capítulos anteriores, ahora sabes (al menos a nivel conceptual) que esta sensación sólida de "mí" cambia constantemente. Sabes que el mundo a tu alrededor también cambia a cada instante. Equipado con este conocimiento, dispones de una opción. Puedes luchar contra el samsara. Es el camino por el que llevas discurriendo toda la vida. Conduce a que te sacudan de aquí para allá como si fueras una pelota de playa. No obstante, puedes soltar creencias y ver y percibir tu mundo sin que se te suba el ego a la cabeza. Aunque parece algo contrario a lo que solemos hacer, abandonar nuestras ideas fijas es como arrancarte la flecha del ojo y pasear despreocupado por tu mundo.

Tu práctica de meditación se basa en ir más allá de tus ideas fijas y tu ego, así que ahora estás más preparado para arrancarte la flecha y aflojar esa sólida sensación de ti-mismo. Estás metido en un camino espiritual que ataca frontalmente el "mí" sólido al desgarrar los patrones habituales, tanto en el cojín como fuera de él. Además, las prácticas de meditación y ofrecerte a ti mismo a los demás te habrán ido alejando de esa concentración en el "mí". Es en este momento cuando puedes volver la mirada al camino del Mahayana absoluto, basado en deconstruir la dualidad de "yo" y "otro", descansando verdaderamente en tu bondad fundamental.

## *Vipashyana*: el siguiente paso del viaje

Hay una experiencia de meditación en la que podemos examinar esta dualidad que hemos creado, la del "yo" y el "otro". Se llama *vipashyana*. Es una palabra sánscrita que significa "visión superior". Se denomina así porque observamos nuestro mundo sin cubrirlo con las capas del "mí" y "mis opiniones".

Imagínate llevando un par de estupendas gafas de sol de marca. Las gafas en cuestión disponen de esos cristales tan curiosos que pasan de la pasión a la agresividad y a la ignorancia, dependiendo de a qué mires. Pero, si pudieras quedarte en el momento presente, tus gafas adoptarían unos cristales claros y limpios: estarías llevando unas gafas normales que te ayudarían a ver tu mundo. Estarías observando el mundo de una manera fantástica; viéndolo con claridad, como un lugar luminoso y vibrante.

Antes hemos considerado la práctica de *shamatha* como un medio de estar presentes en nuestro mundo. *Vipashyana* lleva estar presente al siguiente nivel al decir: «Vale, ahora que estás aquí y ves las cosas correctamente, examinemos qué es eso que estás viendo». Es la idea de que, tanto cuando estamos sentados como cuando no, estamos investigando la naturaleza de ese preciso momento. Estamos entrando en la perspectiva del Mahayana absoluto al aprender a examinar el samsara.

No te preocupes si hasta el momento no has aplicado *vipashyana* conscientemente. Al ir profundizando en tu práctica de meditación, puedes descubrir que es algo que sucede de manera bastante natural. Antes solo intentabas permanecer con la respiración, pero ahora, cuando meditas, a menudo sientes la necesidad de desarrollar más conocimiento acerca de quién eres. Además, estás empezando a ver la naturaleza transitoria del mundo que te rodea, de lo efímeros que son tus pensamientos, y te resulta más fácil darte cuenta de cuándo estás a punto de morder el anzuelo de una reacción emocional habitual. Eso es *vipashyana*, que empieza a informar tu punto de vista.

Tras tu próxima sesión de meditación, reserva la hora siguiente para fijarte en cómo se manifiesta *vipashyana* en tu vida. Mientras te preparas para ir a trabajar, dar de comer a tu mascota o realizar cualquiera de las actividades normales, fíjate en tus reacciones iniciales cuando estas empiezan a manifestarse. ¿Te sientes atraído hacia ciertas cosas? ¿Hay cosas hacia las que sientes una repulsión inmediata? ¿Hay veces en que te cierras e ignoras algo? Adopta una actitud imparcial y limítate a fijarte en como esas tres reacciones básicas se manifiestan en tu vida cotidiana. Al final de la hora, observa de qué manera ha afectado tu práctica de *vipashyana* al grado de percepción profunda y tu experiencia de las actividades cotidianas.

Hasta aquí hemos estado entrenándonos en estar en este momento, ahora. Hemos de aprender a investigar ese "ahora". Hemos de contemplar la naturaleza del ahora. Al hacerlo tal vez descubramos que este momento es tan congelado o sólido como podría parecer en un principio. Podemos empezar a relajarnos en él sin conceptos o asunciones sólidas. Este es un paso esencial en nuestro viaje.

Exploramos el camino Mahayana no solo como hombres o mujeres altruistas, sino que empezamos a comprobar que podemos jugar con el espacio y los aspectos incómodos de nuestras vidas. El mundo en que vivimos es inherentemente impermanente y está en constante cambio. Disfrutamos de ese conocimiento y relajamos nuestras expectativas. Empezamos a poder ir más allá de nuestras esperanzas y temores habituales.

El siguiente paso en nuestro camino Mahayana puede parecer espeluznante. Cuando nos sentamos por primera vez para aprender sobre meditación, quizá lo hicimos porque queríamos relajarnos. Tal vez nos sentíamos cómodos con el aspecto relativo del Mahayana y nos gustaba hacer buenas obras y ofrecer nuestro corazón a los demás. Ahora se nos pide que entremos en territorio carente de sustancia, y que exploremos la naturaleza de la propia realidad. Estamos empezando a examinar nuestro "sí-mismo", una idea que en principio puede parecer una caja de Pandora de problemas filosóficos.

Al ir avanzando en nuestro camino necesitamos continuar reflexionando en las cualidades de delicadeza que encarna el tigre, así como darnos cuenta de cuándo caemos en la trampa de la duda, para poder aplicar la desenvoltura del león de las nieves. Al recordar las cualidades del tigre y del león de las nieves, nos armamos perfectamente para empezar a examinar nuestra noción habitual del "mí", así como otras cosas que nos apasionan o aterran, llamadas "todo lo que no soy yo", es decir, el mundo.

## Examina el sí-mismo

A lo largo de la historia, cuando la gente ha hablado de nociones sobre el "sí-mismo", ha desarrollado una tendencia a caer en opiniones extremas. Son muchas las escuelas de pensamiento que consideran el sí-mismo como algo permanente. Eso se denomina eternalismo, la idea de que los seres nacen, envejecen y mueren, pero que en definitiva contienen algún tipo de esencia que dura para siempre.

Cuando iba a la universidad, el hermano de un amigo íntimo murió en un accidente de tráfico causado por el consumo de alcohol. Sean tenía 17 años cuando falleció, y su familia y amigos quedaron destrozados, como puedes imaginar. Pasé mucho tiempo con la familia de Sean durante esa temporada. En las semanas posteriores a su muerte, surgió la idea en la comunidad de apoyo de la familia acerca de que Sean había sido llamado por Dios para ser uno de sus ángeles. Aunque ninguno de nosotros pudo explicar de manera lógica por qué le había tocado una muerte así a un buen chico como Sean, resultaba muy consolador pensar que había sido llamado al cielo por una razón más elevada.

No tengo ningún problema con que alguien crea en Dios, el cielo o los ángeles. De hecho, me animó comprobar de qué manera esa idea había ayudado a la familia de Sean durante una temporada de intenso pesar. No obstante, yo empecé a contemplar la naturaleza de esas ideas. Empecé a aplicar *vipashyana*. Recordé las palabras del Buda cuando instruyó: «Compruébalo por ti mismo», y empecé a ver lo que podía y no podía demostrar acerca de esa idea utilizando mi propia experiencia.

Tras examinar esa cuestión, descubrí que no podía demostrar de manera fehaciente que existiera un dios que había llamado a Sean al cielo. Tampoco pude demostrar que hubiera nada sólido que hubiera abandonado el cuerpo de Sean para ir a otra parte. Cuando observé mi propia experiencia, vi que me era imposible hallar nada en el mundo que me rodeaba que fuese permanente. Por ello, personalmente no puedo abonar ese punto de vista eternalista. Durante mi exploración de esa tragedia, solo pude hallar pruebas de una cosa, que era lo contrario del punto de vista eternalista: que la muerte de Sean era otro recordatorio de la impermanencia.

El nihilismo es otra popular manera de considerar el símismo. Este punto de vista extremo es un poco fatalista. En el sentido tradicional, el nihilismo es justamente lo contrario del eternalismo. Un nihilista diría que no hay absolutamente nada que sobreviva tras la muerte. Nuestro cuerpo está muerto, y eso es todo. Por ello, hay algunos nihilistas que creen que no importa ignorar todo el sufrimiento del mundo y que más vale estar siempre de fiesta.

Quienes se apuntan al nihilismo se encogen de hombros ante el mundo, pensando que existe algún tipo de plan universal que no tienen capacidad de modificar. ¿Alguna vez has tomado un café con alguien y de repente ha dicho de una manera informal: «Supongo que mi destino es estar soltero. Debe ser por mi karma»? Es como si creyesen que no pueden ir a un bar, subir un perfil a un sitio web de contactos o hacer esfuerzo alguno por conocer a alguien. No necesitas tener mucha perspicacia meditativa para saber que no es el caso. Parece tonto vivir tu vida de manera nihilista, creyendo que careces de control sobre nada.

Aunque parezcan contradictorios, el eternalismo y el nihilismo tienen un punto de encuentro. Ambas escuelas de pensamiento creen en un "sí-mismo" sólido. Los eternalistas creen que tienes un "sí-mismo" que continúa tras la muerte del cuerpo. El nihilismo cree que cuentas con un "sí-mismo" que existe en este lugar y en este tiempo y que eso es realmente lo único que tienes.

El punto de vista budista se aparta de ambas escuelas y afirma que no hay ningún "sí-mismo" sustancial. Si examinamos nuestra realidad veremos que eternalismo y nihilismo representan versiones extremas de esperanza y temor. Existe una esperanza extrema de que viviremos para siempre en alguna forma, y el temor extremo de que a pesar de todo pereceremos. La noción budista no acepta ni esa esperanza ni ese temor, y en lugar de ello sabe que el sí-mismo es ilusorio, vacío de cualquier sustancia sólida. Cuando atravesamos la esperanza y el temor extremos, podemos entrar en contacto con nuestra sabiduría innata.

## El extravagante garuda

En esta sección exploraremos al extravagante garuda. Medio hombre, medio pájaro, el garuda vuela por los aires, señalándonos la realidad de nuestra existencia, y mientras lo hace vuela por encima de preocupaciones y rivalidades miserables, así como por encima de la actividad de los *kleshas*. De hecho, el garuda no está atrapado en el "yo".

El garuda aplica *vipashyana* a todo lo que encuentra. Hace aquello que nosotros anhelamos: acepta todo lo que se manifiesta en su vida y se mece con cualquier viento con el que se cruce. Se enfrenta a las situaciones con una clara percepción, al haberse quitado las gafas teñidas del "mí", y ya no le supera esperanza ni temor algunos, ni la pasión, ni la agresividad, ni la ignorancia. Para retomar la tradicional imagen de los doce eslabones de la cadena de causalidad, el garuda se ha arrancado la flecha del ojo.

Al empezar a examinar nuestra sensación del "sí-mismo" y el mundo que nos rodea, entramos en el camino del Mahayana absoluto, enfrentando la realidad sin esa flecha alojada en el ojo. Empezamos a darnos cuenta de cómo la pasión, la agresividad y la ignorancia nos empujan a adoptar creencias y conceptos extremos, aspectos de nuestra mente que nos alejan de la realidad.

Necesitamos relajar nuestros conceptos acerca de quiénes pensamos que somos, de cómo debería ser el mundo y de cómo consideramos que deberían tratarnos. Parte de esta exploración tendrá lugar al examinar la cualidad fluida e impermanente de nuestras vidas. Al igual que el garuda, también nosotros podemos disfrutar con las verdades sencillas de nuestra realidad y, a partir de ahí, experimentar ecuanimidad. Podemos liquidar nuestra tendencia a obsesionarnos con el "mí" y pasar a concentrarnos en el mundo, en el lugar fértil y hermoso que verdaderamente es.

# 15. El audaz vuelo del garuda

¿Alguna vez has soñado que podías volar? Es una sensación muy liberadora. Si durante el sueño me doy cuenta de que estoy soñando, de repente me digo a mí mismo: «Eh, no estoy limitado por reglas convencionales, así que ¿por qué no aprovecho este momento al máximo». Y entonces despego y surco los cielos sin ningún temor.

Se dice que muchos grandes maestros de meditación han dominado el arte de volar. Un ejemplo es el yogui tibetano Milarepa, que como resultado de su absorción meditativa, alcanzó el nivel de realización, o *siddhi*, que le permitió volar en la vida real.

Puedes aceptar la historia o no, como prefieras. La idea básica subyacente es que a través de una formación intensa, cualquiera puede surcar los cielos de su vida, al menos metafóricamente. Utilizamos nuestra formación en meditación para dejar de lado nuestros conceptos acerca de lo que es y no es posible, lo cual a su vez nos hace sentir como si caminásemos por el aire.

En las dos primeras partes nos concentramos en animales terrenales. El tigre camina meticulosamente por la selva. Está muy enraizado a su entorno y realiza sus actos cotidianos con gran cuidado. El león de las nieves salta de cima en cima. Siente una gran ligereza porque no se deja atrapar en la trampa de la duda, pero también él ha de regresar finalmente a la tierra.

Más adelante nos fijamos en el ejemplo del mítico garuda. Abandonamos tras nosotros la solidez de la tierra al observar a un ave que no es el típico petirrojo del jardín. Imagino que nunca antes viste un garuda de carne y hueso. Yo tampoco. El hecho mismo de visualizarlo pone en causa nuestros conceptos acerca de cómo creemos que las cosas deberían ser.

Aunque no podamos ir de safari y apuntar a un garuda, lo que sí podemos hacer es visualizar a esa ave mítica. Se dice que tiene un cuerpo grande con un pico afilado y brazos humanos. El garuda nace en el espacio y por ello está dispuesto a volar desde el momento de su nacimiento. Nunca toca el suelo, sino que vuela continuamente por encima de este mundo. Desde esa posición ventajosa mantiene una visión panorámica de su entorno.

El garuda no está apegado a una sensación formal del "mí", y por ello es capaz de ampliar su visión. Cuando estudias el ejemplo del tigre, aprendes a echar un vistazo a tu propia vida. Al recorrer el sendero del león de las nieves empiezas a ampliar tu visión para incluir a las personas que quieres, a aquellas con las que te sientes neutral y a aquellas con las que te lo ponen difícil. En la contemplación de benevolencia descrita en el capítulo 12, acabamos disolviendo los límites entre esos individuos y ofreciendo nuestra práctica a todo el mundo. El garuda empieza en este mismo punto: habiendo ido más allá de pensar únicamente en "mí", puede ofrecerse continuamente a todos los seres.

El garuda surca los cielos muy por encima de la tierra. Por eso, amigos y enemigos le parecen como hormigas. No puede distinguir entre ellos, ni tampoco lo desea. En cambio, los envuelve a todos con el mismo nivel de actividad compasiva. El garuda está más allá de cualquier concepto fijo acerca de lo que puede o no hacer, o a quién ofrecerá o no su apoyo. Ofrece osadamente su corazón a todos, sin preocuparse de lo que la gente pensará de él.

## Reconoce la naturaleza del miedo

Se dice que el garuda evita la trampa de caer en la esperanza y el miedo. No obstante, cuando piensas en ello, la esperanza no es más que una inversión del miedo. Cuando dices: «Espero llegar al trabajo a la hora», en realidad estás diciendo: «Me preocupa llegar tarde». Cuando esperas que tu amante tenga sentimientos tan intensos como los tuyos, en realidad te estás preocupando de que no sea así. Cuando ves un correo electrónico en la bandeja de entrada y esperas que se trate de las buenas noticias que estás esperando, parte de ti cree que en realidad son malas. Si aplicamos una mirada inquisitiva a la esperanza, veremos que está directamente vinculada con el miedo. Así que, en lugar de decir que el garuda está libre de la trampa de la esperanza y el miedo, podemos simplificar y decir que es valiente, que no tiene miedo.

*Valiente* es un término interesante cuando se lo considera desde el punto de vista de un budista Shambhala. A primera vista, quizá pueda parecer que el garuda ha dominado el miedo, y que está experimentando menos miedo que antes. Pero no es así. En el mundo siempre habrá cosas que causen temor. No creo que en ningún momento a lo largo de la historia del budismo haya habido nadie que inventase ninguna filosofía o artilugio para reducir las causas del miedo en el mundo. De ser así, habría que encontrar a la última reencarnación de esa persona y darle un trabajo en Naciones Unidas.

Todos nosotros tenemos nuestros propios desencadenantes de miedo. Si has tenido un accidente de coche, tal vez te ponga nervioso subir a un taxi. Si has tenido una mala experiencia con las alturas, quizá temas estar en edificios altos o en montañas rusas. Si alguna vez has visto deteriorarse el cuerpo o la mente de un pariente anciano, puede que tengas miedo a la vejez. Y tal vez puede que temas todo eso.

Todo el mundo experimenta miedo, incluso los grandes maestros budistas. El miedo es un estado emocional, y como esos maestros son humanos, lo sienten igual que tú o que yo. De hecho, ellos lo sienten potencialmente al igual que sienten amor, celos o deseo. Simplemente no se dejan enganchar por una emoción intensa como nos sucede a nosotros.

De la misma manera, también el garuda experimenta miedo. Sin embargo, como el garuda es un guerrero consumado, no se deja enganchar por el miedo. Por eso decimos que no tiene miedo. Observa el miedo, luego reconoce la naturaleza del miedo y se lanza de cabeza hacia él, atravesándolo sin quedarse pegado y quedándose tan fresco como si acabase de tomar una larga ducha. El garuda es capaz de navegar por el miedo con tanta facilidad porque sabe que el mundo es una entidad fluida y cambiante. No se preocupa de solidificar sus opiniones sobre el mundo porque sabe que cambiará. Sin crearse expectativas acerca de cómo deberían ser las cosas, puede aceptar el miedo, abrazarlo y entablar amistad con esa emoción.

En la tradición Shambhala, la intrepidez, la ausencia de miedo, consiste en trabajar con la emoción del miedo cuando esta se manifiesta. Consiste en estar presente con el miedo cuando lo sentimos estancado en nuestra mente. Consiste en examinar el miedo de arriba abajo y en tratar de deconstruirlo. No consiste en tener menos miedo, sino en entrar en un suave proceso de comprensión del miedo y, como consecuencia de ello, poder utilizar el miedo como una oportunidad de progresar en un camino espiritual.

Cuando el miedo se manifiesta, nuestra labor es darle la bienvenida como si fuese un viejo amigo, que acaba de volver de visita a casa después de estar muchos años ausente. Saludamos al miedo e intentamos aprender todo lo que podemos sobre él mientras dure su visita, sabiendo que en un momento dado acabará yéndose. Cuando nos inclinamos hacia el miedo de ese modo, estamos siguiendo el ejemplo del garuda. Vemos con más claridad la naturaleza efímera e impermanente del miedo, y en última instancia podemos descansar en su presencia.

## Las verdades fundamentales del garuda

Son varias las verdades fundamentales que el garuda reconoce como parte de su camino de trabajar a través del miedo y de relajarse en una espaciosa sabiduría: impermanencia, insustancialidad y ecuanimidad. Profundizaremos en estas tres cuestiones a continuación.

### Impermanencia

La impermanencia es difícil de negar. Aunque te sientes en un lugar e intentes conseguir que nada cambie, el mundo a tu alrededor se modifica constantemente. Tal vez, como me ocurre a mí, disfrutes mirando por la mañana a través de tu ventana, sobre todo los hermosos días de otoño. Pero aunque la escena fuera sea una maravilla, resulta difícil ignorar que los colores vívidos se van agostando, y que las hojas caen al suelo. Al cabo de unos cuantos otoños, no es necesario ser doctor en ingeniería aeronáutica para saber que los años pasan. En ese proceso, tu propio cuerpo envejece, igual que los de tus amistades y familiares. No tienes más que mirar por la ventana por la mañana y te encontrarás frente a la sencilla verdad de que las cosas envejecen y cambian.

Por ejemplo, no eres la misma persona que hace diez años. Vamos a contemplar esa idea tan sencilla para ver qué podemos descubrir. La próxima vez que puedas practicar meditación, dedica cierto tiempo a descansar en *shamatha*. Tras permanecer sentado algunos minutos, contempla la pregunta: «¿Cómo era yo hace diez años?». Contempla qué tipo de cosas hiciste este mes hace diez años. Si no puedes recordar cosas concretas, intenta hacerte una idea general. ¿Estaba en el colegio? ¿Trabajando? ¿Mantenías una relación sentimental con alguien? ¿Qué actividades y aficiones tenías por entonces?

A continuación contempla qué es lo que ha cambiado desde entonces. No tienes por qué tirar de todos los hilos, e ir mirando cada aspecto de tu vida. Contempla sencillamente: «¿Sigo siendo la misma persona?». Probablemente descubrirás que subsisten aspectos de esa persona que sigues encarnando, pero no obstante son muchas las cosas que habrán cambiado en una década.

Cuando hayas dedicado cinco minutos a contemplar la cantidad de cambios que han tenido lugar a lo largo de diez años, vuelve a practicar *shamatha* una vez más antes de finalizar la sesión.

Desde un punto de vista científico, todas las células de tu cuerpo mueren y son reemplazadas a lo largo de un período de siete años. Eso significa que, aunque estés ocupando el mismo empleo, bebiendo la misma marca de café todas las mañanas, viviendo con la misma pareja, manteniendo las peleas de siempre con esa persona, al cabo de siete años estarás ocupando un cuerpo nuevecito. Podemos vivir una existencia enclaustrada e intentar escondernos de la verdad del cambio, pero este acabará encontrándonos.

El que la impermanencia nos rodee no implica que los cambios deban ser algo malo o que den miedo. Hay veces en que la impermanencia puede sentirse como una bendición, como cuando tienes la gripe y acabas mejorando. Tal vez haya alguien en tu vida que antaño te diese quebraderos de cabeza, luego las cosas cambiaron y en la actualidad él o ella es uno de tus mejores amigos. En un momento dado tu piso parecía vacío, pero ahora cuentas con una pareja con la que convives o una mascota que te anima la jornada. A veces, los cambios puedes resultar refrescantes.

Los cambios son algo que le sucede a todo el mundo. A menudo resulta más fácil ver los cambios en ti mismo y más difícil notarlos en quienes te rodean. Por ejemplo, a mí me da la impresión de que mi madre tiene el mismo aspecto que hace 15 años. Otros no estarán de acuerdo y dirán que lo que ocurre es que no reconozco los cambios que se han producido en ella. La dificultad para reconocer el proceso de envejecimiento de los padres no creo que me suceda únicamente a mí. A nadie le gusta ver que sus padres envejecen. Sin embargo, ese cambio es innegable, y nos vemos obligados a reflexionar sobre él, así como sobre otros muchos recordatorios de la impermanencia.

La muerte es un aspecto de la impermanencia. Sakyong Mipham Rimpoché escribió una práctica de meditación para los cumpleaños. Un fragmento dice: «La muerte es mi amiga, la amiga más amiga, una verdadera amiga que nunca me abandona». Puede parecer morboso el hecho de contemplar la muerte el día de tu cumpleaños. Pero, cuando piensas en ello, ves que la muerte es una parte de la vida. Recordarnos a nosotros mismos la muerte es lo que nos permite vivir la vida a fondo, y aprovechar este tiempo que tenemos en esta tierra. Como consecuencia, la muerte es una amiga porque nos recuerda el valor de la vida.

El garuda abraza las verdades de la impermanencia y la muerte. No mora en ellas, preocupándose constantemente de perder las plumas o de estrellarse contra un avión. En lugar de ello, utiliza su conocimiento para asegurarse de que aprovecha al máximo esta vida y las relaciones que crea, y pasa su tiempo intentando beneficiar a todo el mundo.

## Insustancialidad

Saber que todo lo que nos rodea está sometido a cambio puede provocar ansiedad. Aunque sepas que una relación sentimental es impermanente, la idea de que tu pareja te abandone —o peor, que muera— es algo que te pone los pelos de punta. Cuando la relación finaliza verdaderamente, sientes que te han segado la hierba bajo los pies. Todo pierde estabilidad y no estás seguro de lo que sucede. En otras palabras, te sientes insustancial.

Sentirse insustancial es muy natural cuando uno se enfrenta a cambios súbitos. Para algunas personas, el que las despidan las hace sentir como si el mundo se desmoronase a su alrededor. A otras lo que más les trastorna es que una relación afectiva acabe prematuramente y mal. Y para otras lo peor que puede sucederles es enfermar y observar cómo va degenerando el cuerpo. Que a veces nos sintamos insustanciales es inevitable; está basado en la verdad de la impermanencia.

Cómo trabajemos con la insustancialidad es una parte importante del camino del garuda. Si observamos su ejemplo, comprobaremos que el garuda no se apega a las emociones intensas que aparecen con la insustancialidad. Si el garuda pierde su trabajo, no le entra el pánico y dice: «¡Oh, Dios mío! ¡Estoy desamparado!». Se lanza de cabeza hacia la convulsión emocional y la aborda de una manera menos caótica y más franca. En lugar de ponerse rígido y tenso, se relaja. Ordena los detalles de su vida de manera digna. Continúa surcando los cielos porque no se ha dejado atrapar por el miedo.

## Ecuanimidad

Como resultado de trabajar íntimamente con la impermanencia y la insustancialidad que encuentra en el mundo, el garuda desarrolla la siguiente verdad: ecuanimidad.

Al observar con claridad las partes de nuestra vida que nos asustan, aprendemos a soltar. Soltamos ese sólido "mí" que ha de conseguir que las cosas sean siempre como él quiere. Al igual que el garuda, recorremos un camino para aprovechar la energía de nuestra vida. En lugar de dejarnos apresar por el miedo o por cómo consideramos que las cosas tendrían que ser, podemos enfrentarnos a lo que surja con una actitud imparcial. Podemos enfrentarnos al mundo con ecuanimidad.

Si pensamos en la imagen del garuda surcando los cielos, nos resultará difícil imaginarlo con una mirada de pánico en su rostro. Está por encima de preocupaciones triviales como ansiedad u orgullo. No busca una manta de seguridad en la que envolverse. No está ocultando su corazón del resto del mundo. No está creando un capullo de miedo tras el cual ocultarse. Lo que hace es manifestar libertad y franqueza.

Cuando seguimos el ejemplo del garuda, nosotros tampoco caemos en la trampa de la esperanza y el miedo, y por ello, somos libres para percibir nuestro mundo con claridad. Observamos los problemas que se manifiestan, los abordamos de una manera directa, como el garuda. No vemos la impermanencia y la insustancialidad como problemas, sino como oportunidades para practicar mantener el corazón abierto. Si carecemos de miedo, si somos valientes frente a la adversidad, hallaremos verdadera paz y ecuanimidad.

# 16. Prepárate para tu *bar mitsvà* budista

«Cuando dejas de cambiar estás acabado.»

Benjamin Franklin

El príncipe Siddhartha creció ajeno a todo sufrimiento. Para él los cambios siempre eran positivos. Su padre se aseguró de que constantemente hubiera una bailarina nueva en palacio, o un lecho más cómodo en que dormir. Cuando la gente que vivía en el palacio empezaba a envejecer, eran apartados. Si alguien enfermaba, desaparecía hasta que volvía a estar bien. Si alguien que él conocía moría, nunca se le informaba de su muerte.

Imagina vivir una vida en la que careces de todo conocimiento acerca de la vejez, la enfermedad o la muerte. Piensa en la cantidad de energía que requería fabricar la ilusión de que esos aspectos fundamentales de la existencia no existían. A continuación considera lo sorprendente que debió ser para nuestro amigo Sid encontrarse con esas verdades cuando tenía alrededor de veinte años. ¡Nadie le había contado nunca que él mismo sentiría los dolores de la vejez y que también acabaría muriendo! Quedó sacudido hasta la médula, y esas verdades le inspiraron a emprender su camino espiritual.

Puede que a muchos de nosotros esta historia nos parezca extravagante. ¿Cómo es posible que haya alguien que no se entere de la vejez, la enfermedad y la muerte? No obstante, si observas con atención, te darás cuenta de que nuestra sociedad actual intenta replicar exactamente la misma ilusión que tenía lugar en el palacio de Siddhartha. Contamos con industrias multimillonarias dedicadas a modificar la apariencia de las personas para que tengan un aspecto agradable. Si eres joven, entonces hay maquillajes que te hacen parecer mayor. Si empiezas a mostrar señales de envejecimiento, está la cirugía, que hará desaparecer las arrugas. Si eres muy viejo, puede que te metan en una "residencia de ancianos", donde permanecerás hasta que mueras. Ya ves hasta qué punto tenemos miedo de la impermanencia y la muerte.

## Incluso los móviles se mueren

Obviamente, a nadie le gusta pasarse el día dándole vueltas al tema de que envejecerá y morirá. No resulta agradable. No obstante, hemos de reconocer y explorar esos aspectos de nuestra vida si queremos poder ir más allá de nuestros miedos y salir al encuentro de la realidad de manera franca y sincera. Si vamos a seguir en el camino del garuda, debemos estar dispuestos a ver las cosas tal cual son. Podemos tomar cualquier factor de nuestra vida y examinarlo a fin de descubrir que es transitorio, cambiante e impermanente.

Por ejemplo, puede que creas que ese nuevo teléfono te hará feliz. Se supone que te proporcionará tiempo libre al permitirte comprobar tu correo electrónico mientras estás por ahí. Pero mira por dónde, descubres de repente que tu relación con el correo electrónico ha cambiado. No haces más que echar mano del teléfono, asustado, preguntándote qué es lo que pasa en el trabajo. Si trabajas en un edificio de oficinas, observa a tus compañeros cuando entran en el ascensor. Se supone que todos van camino de su trabajo, pero muchos sacan sus teléfonos y miran su correo, temiéndose a tan temprana hora lo que el día pueda depararles. No pueden permanecer en el espacio de un ascensor sin que la angustia se apodere de su experiencia y sientan la necesidad de toquetear sus móviles. Lo que creíamos que nos aportaría felicidad solo nos hace estresarnos más y perder los nervios más a menudo.

Finalmente, ese nuevo teléfono que creías que te aportaría felicidad te resbala de las manos y se rompe al caer al suelo. La expresión coloquial para esa pérdida es que tu móvil "se ha muerto". Es como si fuese una persona viva, sin la que no puedes pasar. Lo gracioso es que a esas alturas realmente piensas que no puedes vivir sin tu móvil. Así que adquieres otro y lo utilizas para enviar un correo electrónico a todos tus amigos diciendo: «¡Necesito ayuda! He perdido tu número porque mi móvil la palmó». La gente te envía sus condolencias igual que si hubieras experimentado una muerte de verdad en la familia.

En alguna parte de este engorroso proceso deberíamos relajarnos y observar lo ridículo que es todo este asunto. Un objeto que creías que te aportaría más felicidad está de hecho limitándote, y se ha convertido en otra fuente de angustia en tu vida. Tu móvil no puede reportarte felicidad eterna; es absurdo pensar que ese trozo de metal, botones y cables podría llegar a conseguir tal cosa. Está sometido a las leyes de la impermanencia y acaba descomponiéndose como todo lo demás.

Podemos aferrarnos a nuestro mundo pensando que los factores externos (incluyendo a las personas) nos aportarán verdadera felicidad, o simplemente reconocer el hecho de que las cosas cambian. Nuestra relación con las cosas también cambia. Y esas cosas acabarán también mordiendo el polvo.

## La simple verdad de la muerte

En lo tocante a la impermanencia, creo que la muerte es la forma de cambio que más nos asusta. Recuerdo que a los 18 años tuve un año muy difícil. Dio comienzo con la muerte de mi abuela. Mientras estaba todavía recuperándome de esa muerte, también empezó a morir más gente: mi primer entrenador de gimnasia del instituto, un estudiante de mi colegio, mi cliente favorito en mi empleo a tiempo parcial, mi profesor de historia, mi tío y el hermano de un amigo. Una de las muertes más duras de aquella época fue la del niño de ocho años al que solía hacer de canguro. Le llevaban a casa en coche desde la de otro niño donde había ido a jugar cuando un camionero que venía en dirección opuesta se quedó dormido y chocó con el vehículo de frente. Fue terrible. Todo fue terrible.

Al cabo de 12 meses habían muerto ocho personas a las que conocía y quería. Me sentí como si llevase una marca negra y la muerte me siguiese allá donde fuera.

Recordándolo ahora, fue un poco como un *bar mitzvah* budista. Un *bar mitzvah* es, en la tradición judía, una ceremonia que normalmente tiene lugar cuando tienes 13 años y señala tu transición de niño a hombre. Puedes pensar que tardé en hacer el cambio, pero mi transición de niño inocente a un individuo más serio tuvo lugar durante ese increíble año de pérdidas.

Con esa experiencia solo me quedaba una opción. Nuestro amigo Sid tuvo la misma. Podía tratar de ocultarme y esconderme de esta intensa exposición al sufrimiento, o bien meterme en ella y explorar la simple verdad de la muerte. Así que hice esto último. Cuando me pongo a pensar en la historia de mi amigo de ocho años, me doy cuenta de que la muerte puede llegar en cualquier momento de nuestra vida. Podemos vivir hasta los 100, o bien se nos puede llevar un autobús por delante mañana mismo.

Aunque es una dura realidad, todos aquellos que nos importan morirán. Hace pocos meses di una clase de meditación sobre esta cuestión. Formando parte del programa hay un ejercicio en que a la gente se le da la oportunidad de sentarse en una silla frente a la clase y ofrecer su propio obituario. Uno a uno, los miembros de la clase ocupaban la silla, respiraban, conectaban con su corazón y decían: «Me llamo John Balanski. Nací el 9 de diciembre de 1976. Me crié en Queens, Nueva York. Yo también moriré».

La cuestión no era ponerse morboso, sino ser capaz de proclamar valientemente la simple verdad de nuestra existencia. Si naces, morirás. Sucederá.

La energía en la sala era increíblemente potente. El momento memorable fue cuando un hombre al final de la veintena ocupó la silla y dijo su parte valientemente. Parecía confiado y relajado. Mientras estábamos allí sentados, reconociendo en silencio aquella realidad, oí que su novia empezaba a llorar quedamente. Era bueno que la gente se levantase y proclamase su propia mortalidad, pero ella intentaba iniciar una nueva vida con aquella persona y le sacudió la idea de que, mira por dónde, él también moriría. Esa realidad le resultaba desgarradora, pero le abría a un nuevo nivel de aprecio de su futuro marido.

## Contemplación de la muerte

No sugiero que sea necesario que te pongas en pie frente a una multitud de personas y anuncies que en algún momento morirás. En lugar de ello, tal vez prefieras trabajar con una contemplación muy común: «La muerte llega sin avisar; este cuerpo será un cadáver». Recomiendo que le des vueltas en la cabeza si estás tratando de explorar este importante tema.

Al igual que con otras contemplaciones, la idea general es abrirte apoyándote en *shamatha*, y luego contar con un período de tiempo establecido para volver a la frase una y otra vez. En cierto sentido, se parece mucho a una meditación *shamatha*, en la que regresas continuamente a la respiración, solo que en este caso has de regresar a esa potente afirmación.

En el transcurso de tu práctica intenta dilucidar cómo te concierne esa frase. Fíjate en qué emociones surgen. ¿Te asusta pensar que morirás? ¿Te asusta no saber cómo o cuándo sucederá? Si la muerte te llega mañana, ¿sentirás tristeza por no haber podido conseguir hacer todo lo que querías hacer? ¿Podrías aceptarlo?

Al cabo de cinco minutos de regresar continuamente a esa frase, puedes dejarla de lado y descansar con cualquier emoción que se manifieste. Permanece presente con esa sensación. Métete en ella, como el valiente garuda. Al cabo de unos minutos puedes regresar a *shamatha*.

Se dice que una buena práctica contemplativa te deja con un potente resabio. Una sesión contemplativa de gran calidad suele sentirse como algo muy real e inmediato. Estás convirtiendo conceptos intelectuales en una experiencia personal.

## Apoyarse en la muerte

Una cosa es pensar conceptualmente en el posible aspecto de tu cuerpo cuando estés muerto, o fantasear sobre el bonito funeral que organizarán en tu honor, y otra dirigirse a casa de un amigo, soñando despierto con tu nueva novia, y ver al cruzar la calle que un coche fuera de control viene hacia ti. Afortunadamente, consigue frenar haciendo chirriar las ruedas y se detiene a medio metro de donde tú estás. En ese momento, la realidad de que la muerte puede llegar sin avisar es una experiencia innegable. Si podemos aportar esa sensación de inmediatez y realidad a nuestra práctica contemplativa, entonces estaremos haciendo un muy buen trabajo.

Para volver a repetirlo: no podemos intelectualizar la realidad de la muerte o no estaremos preparados para la misma. Hace unos cuantos años salí a correr por Boston. Me perdí y crucé corriendo la calle con el semáforo en rojo. Un minibús circulaba por la calzada; el conductor iba tarde a recoger a algunos escolares y aceleró para poder girar en el semáforo. Así que chocamos.

El autobús salió bien, algo que no sorprendió a nadie, y yo conseguí levantarme del suelo y me marché solo con un tobillo torcido. Si me hubiera caído unos pocos centímetros en otra dirección, mi cabeza se habría golpeado con el bordillo y podría haber muerto.

Pocos días después estaba en Alemania, renqueando para tratar de asistir a una conferencia budista Shambhala. Conté lo del accidente al presidente de la organización Shambhala, Richard Reoch, que me preguntó qué pasó por mi mente cuando me atropellaron. Recordé que lo que pensé fue: «Bueno. Esto es muy interesante». Se lo dije a Richard, y me contestó: «En lo tocante a pensamientos finales, que parece que es con lo que ahora trabajas, ¡no está mal!».

Aunque en ese momento me sentí más bien vapuleado, lo cierto es que la frase de Richard me hizo sentir bastante bien. Atribuí mis tranquilos pensamientos en el momento del accidente al tiempo que había pasado en un cojín de meditación hurgando en mi miedo personal a la muerte, intentando cultivar una actitud positiva al respecto.

Si bien podía parecer morboso, es importante tomarse tiempo para contemplar verdaderamente la muerte, traduciendo tu comprensión intelectual de que ocurrirá al conocimiento experiencial sobre su papel en tu vida. Es como cuando has de pasar un examen importante en el colegio. Sabes que llegará, pero si te dedicas solo a divertirte, cuando llegue el momento de hacer el examen no estarás preparado. En cambio, si diriges tu mente, aunque sea un poco, hacia lo que llevas entre manos, puedes entrar en la situación sintiéndote preparado y tranquilo. Así es como el garuda se enfrenta a la muerte.

En definitiva, estamos explorando la relación entre el miedo y la naturaleza de la realidad. Al explorar la realidad podemos ver qué es en verdad el miedo: un anzuelo emocional que nos hundirá. El mundo es fluido y cambiante, y por ello los anzuelos del miedo aparecerán constantemente. No importa hacia dónde miremos, nos vemos haciendo frente a las irrefutables verdades de la impermanencia y la muerte. Hemos de trabajar con esas experiencias, meternos en ellas, a fin de aprovechar la energía de nuestras vidas.

Podemos intentar ocultarnos tras un palacio que nosotros mismos hayamos creado, aplicar maquillaje u ocultar nuestro envejecimiento en un esfuerzo de evitar los cambios y la muerte. Pero nada funcionará. Por muy elevadas que sean nuestras torres de seguridad, también ellas estarán sujetas a la impermanencia. Nosotros mismos estamos sometidos a la impermanencia. Nuestros seres queridos están sometidos a la impermanencia. Esconderse es una solución insostenible.

Se dice que el garuda grita una valiente proclamación de la realidad cuando surca los cielos. En otras palabras, afirma la verdad. Reconoce los terribles aspectos de esta vida, incluyendo la vejez, la enfermedad y la muerte, y se enfrenta valientemente a ellos con el corazón abierto. Está presente en la realidad de su situación. En lugar de luchar contra esas verdades, las abraza.

Cuando seguimos el camino del garuda, también nosotros podemos liberarnos del agotador esfuerzo de tratar de hallar una certidumbre y seguridad duraderas para nosotros mismos. No hemos de luchar contra la realidad. Observar nuestro mundo con claridad, tal cual es, puede ser liberador. Cuando reconocemos nuestra impermanencia, así como la impermanencia de todo lo demás, podemos llegar a apreciar de verdad la forma en que son las cosas. Al estudiar la impermanencia y la muerte, podemos abrirnos a los aspectos sagrados de este preciso momento.

# 17. Disfruta de los cocotazos que despiertan

«Que seas bombardeado con cocotazos de vigilia en el jardín de la delicada cordura.»

CHÖGYAM TRUNGPA RINPOCHE

El garuda surca los cielos durante toda su vida, sin tocar nunca tierra. En su vuelo hay gracia y coraje. Es el epítome de un ser capaz de vivir sin aferrarse a un terreno sólido. En otras palabras, se siente cómodo sin base, sin fundamento.

Para la mayoría de nosotros, esa idea nos parece imposible. Existe una paradoja inherente en sentirse cómodo en la incomodidad. Por ello, no es de extrañar que carecer de base te parezca una experiencia dolorosa, algo que quieres evitar. Toda nuestra sociedad se basa en evitar los aspectos incómodos de la vida. Si seguimos el ejemplo del garuda y los aceptamos, estaremos adoptando un enfoque poco convencional. No obstante, hasta el momento hemos explorado muchos conjuntos de conceptos, y por ello tiene sentido dirigir nuestra mente contemplativa a situaciones incómodas y comprobar cómo podemos hacerles frente valientemente.

Podemos reconocer que las cosas cambian y que la muerte es inevitable, pero cuando nos sucede a nosotros, y a lo grande, solemos estar desprevenidos. Podemos sentirnos como si nos estuvieran bombardeando, tal y como escribió Trungpa Rimpoché en el poema que abre este capítulo. Hoy mismo, es posible que mientras estés siguiendo tu rutina cotidiana, en tu propio jardín personal de delicada cordura, como lo denominó Trungpa Rimpoché, te caiga un coco en la cabeza. Un coco puede adoptar la forma de una llamada de teléfono de tu padre diciéndote que han llevado a tu madre al hospital de urgencias. O quizá te despiertes junto a tu novia y esta te diga que las cosas ya no funcionan. O puede que llegues a la oficina el lunes y descubras que acabas de unirte a las legiones en paro.

Cuando nos cae un coco en la cabeza podemos retorcernos de dolor, preguntarnos por qué nos ha tenido que tocar a nosotros toda esa incerteza y esos cambios. De hecho, la mayoría de nosotros nos hemos pasado años tratando de obtener una respuesta. Cuando observamos un cambio drástico en nuestra vida, nuestra primera reacción es cerrarnos. Nos hacemos un ovillo y esperamos que los cambios elijan a otro. Es una tontería, porque sabemos que la impermanencia es inherente a todas nuestras vidas.

Como alternativa, podemos empezar a entrenarnos siguiendo el ejemplo del garuda y volar de cabeza hacia cualquier situación incómoda que pueda surgir. Cuando nos cae un coco encima, nuestra primera reacción debería ser aplicar *vipashyana* a la situación, analizando cuidadosamente de dónde procede el coco. Cuando empezamos a mostrarnos inquisitivos con nuestro dolor e insustancialidad, solemos aprender una valiosa lección.

Pongamos por caso, siguiendo con los ejemplos anteriores, que te dieras cuenta de que la mala salud de tu madre es un resultado directo de años de descuidar su cuerpo. Ese conocimiento puede inspirarte a ocuparte mejor del tuyo propio. Si te lo permites, puedes escuchar por qué tu pareja siente que ha de acabar con la relación, para así poder cerrar ese capítulo y cultivar una forma distinta de relacionarte en el futuro. Si te despiden del trabajo, quizá te veas obligado a sentarte y aguantar que te recriminen tu pobre rendimiento, pero tal vez algo –aunque sea nimio– de lo que te digan puede resultarte verosímil, y podrás aprovechar ese conocimiento en tu siguiente empleo.

Al aplicar una mente inquisitiva a tus incómodas situaciones "coqueras", estarás haciendo dos cosas. La primera es abandonar tu conjunto de nociones fijas acerca de lo que sucede en un escenario incómodo. Hasta el momento hemos estado hablando de no dejarse atrapar por emociones intensas. El garuda va más allá de esa práctica, y ni siquiera se deja atrapar por nociones fijas, que en cierto sentido son la fuente misma de las propias emociones intensas. Al entrenarte para no solidificar la manera en que consideras que deberían ser las cosas, estás atravesando años de mecanismos de respuesta habituales y empezando a considerar tu incomodidad de una manera más lúcida.

Lo segundo que estás haciendo al aplicar una mirada inquisitiva es empezar a abrirte a una conciencia más amplia de la situación. Estás eliminando la pasión, la agresividad y la ignorancia de tus ojos. Has abandonado la manera en que el "yo" considera que las cosas deberían ser. De hecho, has abandonado el "yo".

En el interior de esa conciencia más amplia, no contaminada por el "mí", por unos cristales de un determinado color, puedes percibir con claridad la naturaleza efímera de tu propia incomodidad. Al igual que todas las cosas, también la situación difícil, y las emociones intensas que la rodean, son impermanentes. Incluso puedes encontrar verdadera alegría en ese descubrimiento. Resulta liberador darse cuenta de que el coco que te alcanzó no es tan sólido. Al igual que todas las cosas, también pasará.

Tras aplicar tu mente inquisitiva al malestar, a la incomodidad, dispones de una herramienta más para trabajar en ello: tu corazón abierto, o *bodhichitta*. El camino del garuda es asomarse cuando la insustancialidad surge, investigarla, ver lo que realmente es y, lo más complicado de todo, abrazarla. Cuando surgen situaciones difíciles, hemos de poner en juego nuestro corazón abierto más de lo que normalmente nos resulta cómodo a fin de reubicarlas. Hemos de cambiar nuestra opinión sobre el malestar y la incomodidad, a fin de trabajar en ello. Hemos de ir más allá de nuestra inclinación habitual a cerrarnos y ocultarnos del miedo, y en lugar de ello, debemos zambullirnos en él, permitiendo que nuestra franqueza lo transforme.

El malestar y la incertidumbre no son nuevos. Han estado visitando a todas las criaturas desde el amanecer de los tiempos. Una de las ideas más comunes sobre el origen del universo es la teoría del *big bang*. No se trata de una teoría tipo «las cosas empezaron tal como se planearon y fueron mejorando con el transcurso del tiempo». Es la idea de que tuvo lugar una enorme explosión, y de que esa explosión surgió el universo. A partir de ese momento, podemos decir que han ido teniendo lugar constantemente explosiones grandes y pequeñas, por ejemplo desde Hiroshima hasta el día en que tropezaste con alguien en la calle y te maldijo. El universo está en un estado de caos y cambio constante; tenemos la elección de responder con una maldición o con el corazón abierto.

Atisha sabía todo esto muy bien. Sistematizó y articuló con gran claridad un enfoque de *bodhichitta* conocido en tibetano como *lojong*. *Lo* puede traducirse como "mente", concretamente la mente que discurre, y *jong* significa "entrenar, formar". Es la mente que se formará o formación mental. Atisha es autor de 59 aforismos que nos ayudan a dedicar nuestra mente a cultivar *bodhichitta*, y también a saber cómo responder a nuestro explosivo mundo repleto de percances.

Uno de esos aforismos es: «Cuando el mundo está lleno de mal, transforma todos los percances en el camino de *bodhi*». El mal puede considerarse de muchas maneras. Está el mal de la tiranía y la opresión, y el mal de escupir en la comida de alguien. Se trata de un término muy subjetivo. Para nuestros propósitos, podemos considerar que este aforismo señala el hecho de que nuestro mundo está repleto de confusión, y hace hincapié en el malestar que es un resultado directo de esa confusión.

Tomando el malestar como nuestra premisa, Atisha nos anima a considerar cualquier circunstancia negativa que se manifieste como una oportunidad. Entrando en el camino de *bodhi*, del estar abiertos, podemos transformar todos los percances que suceden en nuestra vida en oportunidades de oro para ser valientes. Adoptando la perspectiva de Atisha, alejamos de nuestra mente el considerar la insustancialidad como algo que debemos evitar. En lugar de ello, damos la bienvenida a la incerteza porque podemos utilizar todos los cambios en la vida como oportunidades para abrir más nuestro corazón. Podemos considerar los cocos que nos caen encima como oportunidades para despertar a la realidad. Como resultado de este cambio de perspectiva, podemos tratar cada momento como una oportunidad en potencia de cultivar humanidad y ternura, sea lo que sea lo que se nos manifieste.

El garuda no tiene miedo y es valiente, cualidades muy atractivas para los demás. Nosotros también podemos vivir como el garuda, seguir sintiendo curiosidad por nuestra vida y abrir el corazón de una forma amplia, aun cuando las cosas se pongan difíciles y horribles. En primer lugar, todo el mundo quiere entablar amistad con alguien que vive la vida a fondo. Eso es lo que hace el garuda al permanecer verdaderamente abierto al mundo. Vive cada momento en el presente, aprovechando al máximo este preciado nacimiento. Como está siempre abierto a cualquier cosa que se manifieste, puede ver el mundo con claridad. Como no se esconde del malestar, está abierto a muchas posibilidades. Atrae buenas circunstancias, pero no se oculta de lo malo, porque está abierto. Es *bodhi*.

En tibetano, el término *ziji* describe ese tipo de valor concreto. *Zi* quiere decir "brillo", mientras que *ji* significa "esplendor, dignidad". En otras palabras, el guerrero que aborda su vida de manera intrépida brilla, literalmente, de dignidad e irradia esplendor desde su ser. Es como si no pudieran contener la luminosidad de su propio corazón. Todo el mundo lo ve.

Otra manera más sucinta de traducir *ziji* sería "confianza luminosa". Puedes utilizar la confianza para relacionarte directamente con tu vida, en lugar de vivir y morir con miedo. Puedes tener confianza al expresar tu corazón, sabiendo que cualquier herida que los demás puedan intentar inflingirte es solo temporal e impermanente. Puedes tener fe en que tu *bodhichitta* puede acomodarlo todo.

Una manera de expresar confianza claramente es soltar. Todo el camino del garuda se basa en este concepto. Al seguir el camino del garuda, aprendes a soltar tu sólida sensación de ti-mismo y relajas tus expectativas fijas acerca del mundo. Estás desarticulando la trampa de la fe y el miedo, una trampa que te ha dominado durante casi toda tu vida. Al desengancharte de esa trampa estás dejando atrás cualquier decepción que pudieras albergar sobre la impermanencia y la muerte. Incluso cuando tu vida cambia drásticamente y te sientes insustancial, puedes aprovechar la oportunidad para sacudírtela de encima y entrar en el espacio abismático. Te dejas ir en el terreno del garuda.

Cuando sueltas el estricto control que ejerces en tu vida, estás iniciando dos entrenamientos. El primero es abandonar las expectativas. Estás superando años de reacciones habituales, maneras en que te has enseñado a responder al dolor, la decepción y el pesar. Estás desenmarañando la sensación sólida de un "mí" que te ha paralizado e impedido que realizaras tu vida por completo.

El segundo entrenamiento es aprender a relajarte. Invertimos tanta energía intentando proteger constantemente el "mí" que no tenemos ni idea de lo que sucedería si dejásemos caer de golpe ese escudo. Lo que sucede, de manera natural, es relajación. Es como ajustar el dial de una radio para encontrar una frecuencia: cuando sintonizas bien, la música llega con claridad. Puede afirmarse lo mismo en cuanto a aprender a soltar las expectativas: sintonizamos de forma natural con la manera en que son las cosas. Nuestro mundo se expresa a sí mismo bellamente, como una sinfonía de alegría y valor que ha sido compuesta justo para nosotros. En el interior de ese espacio podemos al fin descansar.

Cuando dejas de correr durante tu rutina diaria y te sientas en el cojín de meditación, estás entrenándote para estar presente con la respiración. Estás aprendiendo a sintonizar con la manera en que son las cosas. Si aplicas este principio a abrir tu conciencia a tus actividades cotidianas, puedes ver el mundo con claridad. Utilizas tu mente inquisitiva para descubrir el modo en que son las cosas. Abres tu corazón para incluir todo el mundo, tanto lo bueno como lo malo.

En el interior de esta vasta abertura no te aferras a esas etiquetas ni a ninguna opinión o emoción que pudiera ser resultado de unas expectativas fijas. Tus problemas dejan de ser problemas: se convierten en oportunidades para despertar. Nos caen cocos encima y nosotros nos alegramos: ¡otra oportunidad de cultivar la gran perspectiva del garuda! ¡Otra oportunidad de cultivar ecuanimidad!

# 18. Rasga el tú de cartón piedra

Hasta el momento, hemos hablado de todos los aspectos de la vida que el garuda supera. En otras palabras, hemos examinado todas las áreas de la existencia que nos hacen sentir malestar: impermanencia e insustancialidad. Cuando seguimos la pista del garuda y aceptamos esos aspectos de nuestra vida, nos parecen más manejables. Como son verdades fundamentales, descubrimos que utilizamos mejor nuestra energía si nos asomamos a ellas en lugar de escondernos. Cuando lo hacemos, podemos abrirnos paso hacia la ecuanimidad.

Un diccionario que consulté definía *ecuanimidad* como «calma mental, compostura y constancia de ánimo, sobre todo en una situación difícil». Hemos intentado cultivar este nivel de compostura en nuestra meditación sosegante, o *shamatha*. Sin embargo, no podemos alcanzar la ecuanimidad sin la segunda mitad de su definición: los escenarios difíciles que se nos presentan a diario. Esas dolorosas partes de nuestras vidas son en realidad oportunidades para trasladar nuestra ecuanimidad fuera del cojín de meditación y permitirnos actuar como verdaderos *bodhisattvas*. Un verdadero *bodhisattva* se asoma a los malos tiempos, pero no obstante permanece abierto y contemporizador a lo largo de su vida.

Al observar con atención la impermanencia y la insustancialidad, estamos mirando esencialmente variaciones de un mismo tema. Y ese tema es cómo "yo" me protejo de las pugnas y a la vez cómo "yo" me escondo de mi propio corazón abierto. Este "yo" con el que todos andamos por ahí suele denominarse "ego" en la terminología budista.

*Ego* es una palabra de tres letras que puede usarse para implicar que desde el momento en que nacimos, todos nosotros hemos construido una noción fija acerca de quiénes somos, cómo respondemos a ciertas situaciones y qué nos gusta, nos disgusta y nos deja indiferentes. Hemos solidificado ese ego a lo largo de los años, arraigando buenos y malos hábitos, a fin de hacer ver que somos totalmente reales y permanentes.

Desde un punto de vista budista, este ego es una falacia. De la misma manera que no podemos demostrar de manera irrefutable que hay un dios o dioses manipulando nuestra existencia, tampoco podemos demostrar que somos un ser sólido y estable. Hemos examinado que envejecemos y cambiamos con el tiempo. No obstante, hasta que empecemos a desconchar esta cáscara de identidad que nos hemos creado, no podemos esperar que se manifieste totalmente y brille en el mundo nuestra actividad bodhisáttvica.

En cierto sentido, el ego que creas es una versión de cartón piedra de ti mismo. Dispones de este cuerpo que usas como el núcleo y al que vas agregando capas de personalidad, añadiendo un interés por el deporte por aquí, una película favorita por allí, un tic facial gracioso y bum, has creado un muñeco egoico. Considera el siguiente conjunto de contemplaciones como un experimento para retirar todas esas capas del ego de cartón piedra, y acabar abriendo la cáscara.

## Contemplación de los cinco *skandhas*

Desde un punto de vista budista tradicional, el sí-mismo se considera como un conglomerado de cinco *skandhas*, o agregados, que se juntan y nos permiten crear la ilusión de que somos seres completos y sólidos. Los cinco *skandhas* son: nuestra forma física, nuestras capas de sensaciones, nuestras percepciones, nuestras formaciones mentales y la conciencia que mantiene todo el paquete unido.

Reserva cierto tiempo a dedicarte a esta contemplación. Aunque algunas de las prácticas recomendadas hasta el momento pueden llevarse a cabo sentado en la cama por la mañana o en un coche, te sugiero rematar esta práctica con al menos diez minutos de *shamatha* antes y después.

Tras sentarnos durante un período de tiempo, empezaremos contemplando el primero de los cinco agregados: forma.

## Forma

Empieza con una contemplación general, regresando continuamente a la pregunta: «¿Qué es este cuerpo?». ¿La idea de tu cuerpo está arraigada en tu cabeza? ¿Está cimentada en tu cerebro? ¿En tu corazón? Al iniciar esta exploración, intenta comprobar si tu comprensión de tu cuerpo está fundamentada en su integridad. ¿Es tu noción de tu forma física la imagen que observas cada día en el espejo?

Si crees que tu cuerpo es algo fijo, ¿qué sucedería si perdieses parte del mismo? ¿Si pierdes un dedo en un accidente, seguirías siendo "tú"? ¿Y si perdieras el brazo entero? ¿Seguirías siendo "tú" si perdieses la capacidad de moverte?

Otra manera de explorar las nociones fijas acerca de tu ser físico es seleccionando un aspecto particular del cuerpo y examinándolo a fondo. Tomemos la mano, por ejemplo. ¿Qué es tu mano? Parece bastante sólida y real. Sin embargo, desde la vez en que te cortaste por primera vez, sabes que tu mano cuenta con capas de piel. Bajo la piel hay sangre que circula por las venas. También hay músculos y huesos que proporcionan sostén.

La ciencia nos ha mostrado que cada elemento de nuestra aparentemente sólida mano puede descomponerse en moléculas. A partir de ahí podemos considerar que cada molécula está constituida por átomos. Si tus manos descansan en tus músculos mientras meditas, ¿dónde acaban los átomos de la mano y empiezan los de los pantalones?

Intenta estas tres contemplaciones para examinar tu forma: examina dónde parece estar basado tu cuerpo, considera en qué momento tu cuerpo dejaría de ser "tú" y toma un aspecto de tu cuerpo y examínalo hasta que las fronteras de la solidez empiecen a perder fuerza y se tornen frágiles.

Concluye esta parte de la contemplación dirigiendo tu mente a las preguntas: «¿Qué es el sí-mismo en mi forma? ¿Qué hay en mi forma verdaderamente sólido?». Tras considerar esas preguntas durante un par de minutos, regresa brevemente a *shamatha*.

## Sensación

La siguiente contemplación implica sentir el segundo de los cinco *skandhas*. Lo más probable es que ya hayas estado trabajando con alguna emoción intensa esta misma semana. A menudo nos quedamos atrapados en esas emociones, pues parece que no somos nada más que una encarnación andante de lo que experimentamos. Cuando volvemos a estar enamorados, andamos como si flotásemos en una nube. Cuando nos sentimos rabiosos, puede parecer que nubes de tormenta envuelven nuestra cabeza, como en los dibujos animados, pero no nos damos cuenta porque somos una bola de tensión y agresividad.

Siempre que sientas llegar emociones intensas, tómate un momento para inclinarte hacia ellas y observarlas. Empieza permitiendo que hiervan al máximo en tu interior. Mantén tu postura y aguanta en el asiento. A continuación contempla la cuestión: «¿Dónde existe esta emoción en mi cuerpo?». Intenta localizar en qué parte del cuerpo experimentas esta sensación. Observa la tendencia a evitar la emoción. Explora si la emoción es algo que deseas, si te sientes agresivo por ello o si solo quieres apartarla de ti.

Al cabo de algunos minutos de explorar la situación física de la emoción, considera otros aspectos de la misma. ¿Sientes que tiene forma? ¿Es cuadrada? ¿Tiene forma de círculo? ¿De octógono? ¿De qué color es? ¿Es fría o caliente? Cuanto más profundices en la emoción, menos te poseerá. Aunque la emoción te lleve de aquí para allá como un muñeco, cuando la identificas descubres que nadie maneja los hilos. Los hilos no existen. Tu emoción, aunque parece real, carece de verdadera sustancia.

Tras contemplar la emoción, regresa brevemente a *shamatha*.

## Percepción

Procede ahora a contemplar el tercer *skandha*, la percepción. Mientras dejas de utilizar tu respiración como objeto de meditación, dirige la atención hacia uno de los sentidos de percepción. Por ejemplo, concéntrate en lo que oyes. Quizá sea el tráfico en la calle, fuera de tu casa, el sonido de tu ordenador zumbando en el escritorio o el resuello de tu perro o gato.

Regresa una y otra vez a lo que oyes, como si regresases continuamente a la respiración en *shamatha*.

A continuación, contempla la frase: «¿Dónde existe ese sonido?» ¿Existe en el objeto o ser que lo crea? ¿Y en tu oído? ¿En qué parte de tu oído? ¿Acaso existe en tu cerebro? Intenta identificar la situación concreta de ese sonido.

Luego puedes intentar esta contemplación con los demás sentidos, con lo que puedes ver, oler, tocar, o si resulta que tienes a mano una bebida en tu espacio de meditación, con el gusto. Trata de localizar de verdad una situación interna en la que existan esas sensaciones sensoriales. Cuando acabes con ese aspecto de la contemplación, regresa de nuevo a *shamatha*.

## Formaciones mentales

Llegados a este punto, puedes dirigir tu mente a las formaciones mentales, el cuarto agregado, que nos empuja a considerarnos entidades sólidas e independientes.

Mientras llevas a cabo tu práctica sentada, fíjate en los distintos pensamientos que surgen. En lugar de etiquetarlos como "pensamientos" y volver a la respiración, utilízalos como objetos de contemplación. Sean cuales sean los hábitos mentales, las ideas nuevas, las opiniones fijas o compulsiones que aparezcan, actúa con libertad para mostrarte inquisitivo con todo ello. Cuando se manifieste un pensamiento especialmente jugoso, contémplalo: «¿Dónde reside ese pensamiento?». Juega con esta contemplación durante cierto tiempo, y una vez que acabes, regresa de nuevo a *shamatha*.

## Conciencia

El último *skandha* que hemos de contemplar es la conciencia. Debemos repasar brevemente las anteriores contemplaciones. Considera esta retrospectiva acerca de tu anterior trabajo meditativo: empieza utilizando uno de los métodos para examinar tu forma física, luego señala una sensación e intenta distinguir aspectos concretos de la misma. A continuación elige un sentido de la percepción y trata de descubrir su localización, y luego pasa a diseccionar uno de tus pensamientos.

Ahora contempla: «¿Dónde está este "mí" que lleva a cabo esta práctica de contemplación?», «¿Qué o quién está realmente realizando esta meditación?».

Al cabo de cierto tiempo de contemplación, relaja la mente y abandona toda técnica. No regreses todavía a *shamatha*; en lugar de ello, descansa en el espacio que haya aparecido en tu práctica.

El período de descanso al final de esta contemplación es muy importante. Según vamos desarrollando perspicacia acerca de la manera en que las cosas son realmente, nos sentimos cada vez más cómodos al soltarnos en el espacio. Nos sentimos confiados porque podemos ver la realidad con mayor claridad. Esa confianza nos inspira a profundizar más al contemplar la realidad. Empezamos a reconocer que aferrarse a la idea de una entidad personal como si fuese real y existiese con solidez no es más que una ilusión mental. El resultado es que nuestra creencia en un ego y en un sí-mismo separado empieza a disolverse.

Mientras empezamos a relajarnos en la realidad de que nuestro ego no es tan sólido como pudiéramos pensar al principio, experimentamos ecuanimidad. A pesar de las situaciones difíciles que pueden manifestarse en tu vida, no tienes por qué tomártelas demasiado en serio. Por ejemplo, si alguien intenta insultarte, puedes pensar que esa persona en realidad no existe de forma tan real como ella puede creer. El insulto en sí mismo carece de verdadera sustancia, pues es una formación mental carente de solidez. El insulto no puede alcanzarte porque tú mismo no eres un terreno de aterrizaje sólido para que pueda aterrizar nada. Puede resultar liberador darte cuenta de que no hay ofensor, no hay insulto ni nadie a quien ofender.

Tu vida es fluida e impermanente. La ecuanimidad es la sensación de sentirse cómodo con la realidad. Cuando observas el mundo con los ojos del garuda, dejas de estar limitado por conceptos acerca de lo que te gusta, lo que te disgusta y aquello que te deja indiferente. Las opiniones y prejuicios fijos te parecen un chiste porque ahora sabes que carecen de existencia real. El miedo tampoco es tan sólido como pudiéramos creer. A partir de este descubrimiento podemos llegar a comprender que la ecuanimidad está más allá de la esperanza y el miedo.

Al igual que el garuda, tú también puedes experimentar tu mundo con ecuanimidad. Examinar tu vida de forma inquisitiva puede resultar liberador. A través de este trabajo estarás yendo más allá de esa versión de cartón piedra de ti mismo. Estarás arrancando las capas de reacciones habituales que llevas años cultivando. En el interior de ese caparazón endurecido hay espacio. Bajo todas nuestras capas de conceptos hay espacio. Y en el interior de ese espacio está *bodhichitta*. Al descubrir nuestra naturaleza innata podemos experimentar y tocar nuestro mundo directa e íntimamente y sin que medien conceptos. Esa es la experiencia del arrojo.

# 19. Introduce una mente espaciosa en actos sutiles

«Mi mente es vasta como el cielo, y mis acciones sutiles como semillas de sésamo.»

PADMASHAMBAVA

El mundo es un lugar en perpetuo cambio, aparentemente caótico. A lo largo de tu vida estás siendo bombardeado con recordatorios constantes sobre los cambios, el envejecimiento y la muerte. Incluso los planes mejor trazados fallan. Además, tú tampoco eres la entidad sólida y fija que solías creer.

Tras reconocer todo eso, puedes abandonar tus nociones acerca de cómo deberían ser las cosas y cómo son en realidad. Puedes seguirle la pista al garuda y relajar la mente en una inmutable apertura al mundo, apreciando la vida en su complejidad. Nosotros carecemos de alas y de un pico para actuar como el garuda. Pero podemos encarnar esos aspectos del garuda al lidiar con nuestra vida cotidiana: nuestro trabajo, casa, familia, dinero, aparatos electrónicos y salir por ahí de marcha.

## Trabajo

Al final de un maravilloso fin de semana, la mayoría desarrollamos una sensación de intranquilidad en la boca del estómago. No queremos volver a trabajar el lunes por la mañana. Sin embargo, la razón por la que arruinamos las últimas horas de una perfecta noche dominical no se basa en ninguna realidad actual. No, de ninguna manera. Podríamos estar viendo una película cómica y que aun así nuestra mente estuviera ya en el trabajo. Nos sentimos fatal. Pero no es el trabajo lo que nos provoca semejante angustia, sino nuestras expectativas acerca de lo que será ir a trabajar.

En lugar de aceptar la popular noción de que el trabajo es un palo, podríamos considerar nuestro trabajo con una sensación de alegría, sabiendo que se trata de una oportunidad para practicar el camino del garuda, para relajar las nociones fijas que hemos desarrollado. No tenemos que fichar con la tarjeta de «Lo que me temo que dará de sí este día», sino más bien con una tarjeta totalmente en blanco. En otras palabras, podemos considerar nuestro día en la escuela o jornada laboral como una oportunidad para trabajar con nuestros hábitos particulares de esperanza y miedo.

En lugar de dejarte atrapar en la trampa de la esperanza y el miedo, puedes utilizar tu jornada laboral para tornarte inquisitivo acerca de esos estados emocionales. Intenta mantener la mente abierta a cualquier posibilidad que pudiera manifestarse.

Cuando te veas atrapado en el anzuelo del miedo, aplica una de las contemplaciones que aparecen en el capítulo 18 para diseccionar esa emoción intensa. Si abandonas una reunión con la sensación de que las cosas deberían haber salido de otra manera, examina ese concepto y comprueba si hay una verdadera base para su existencia. Si no puedes descubrir ninguna, entonces abandónalo.

Soltar tus nociones prefijadas acerca de cómo deberían ser las cosas en el trabajo te permite reconectar con una mente vasta y ser espacioso y mostrarte abierto ante cualquier oportunidad que pudiera surgir. Si hay algo en tu jornada laboral que sueles intentar evitar, abandona tus expectativas sobre cómo debería ser. Asómate a esa situación aparentemente difícil y te sorprenderá verte disfrutar de la experiencia. Quizá descubras nuevas oportunidades de progresar tanto espiritual como laboralmente.

## Casa

Cuando debes hacer frente a mucha gente difícil, lo más conveniente es comprobar si trabajar con ellos de manera positiva puede pasar a formar parte de tu práctica. Sin embargo, cuando estás solo en casa, con tiempo por delante, puedes mantener una mente vasta. No tienes por qué deslizarte frente a la televisión y quedarte ahí "colgado". Puedes descansar en el espacio y ennoblecer tu hogar.

Una manera de aplicar las enseñanzas del garuda a tu vida doméstica es aceptando el consejo ofrecido al principio de este capítulo por Padmasambhava: mantén una mente grande, pero sé preciso con tus acciones. A algunas personas les gusta creer que si se sumergen en los profundos aspectos filosóficos del budismo, como la carencia de una sensación sólida de sí-mismo, entonces estarán de verdad en el "camino". Esta comprensión conceptual de la realidad no es tan útil. A menudo esas personas acaban siendo malvadas con sus parejas y sus platos rebosan en el fregadero, sin lavar.

El hecho de que el garuda sea capaz de surcar los cielos sin esfuerzo y no esté limitado por nociones convencionales no significa que haga lo que le dé la gana e ignore lo que sucede a su alrededor. Es más bien al contrario: se mantiene en contacto constante con su mundo. En lugar de comprender intelectualmente las enseñanzas del garuda, intenta entrenarte en mantener *vipashyana* también cuando te levantes del cojín, y verás que la comprensión experiencial de la realidad sucederá de manera natural. De esta manera estarás utilizando esas enseñanzas para abrir tu mente al espacio e incluso serás capaz de lidiar con las realidades cotidianas de las relaciones y el hogar.

Por ejemplo, piensa en lo que sucedió la última vez que regresaste a casa de un viaje. Puede que solo se tratase de un largo fin de semana, pero entraste y te diste cuenta de inmediato de que había algo nuevo en tu cocina. Viste unos cuantos vasos que quisiste guardar, pero que no llegaste a hacerlo. Viste una capa de polvo que se había ido acumulando en la encimera por falta de uso.

Antes de empezar a pensar en la manera en que esperabas encontrar la cocina, tómate unos instantes para comprobar cómo está tu cocina en realidad. Al observarla de cerca podrás descubrir mucho sobre la actitud mental en que estabas cuando te marchaste. A partir de ahí, puedes empezar a limpiar y a conseguir que tu casa tenga el aspecto que te gusta.

En este caso pudiste apartarte físicamente y dejar de ver tu casa para luego observarla con una perspectiva nueva. Al seguir el ejemplo del garuda, puedes descansar la mente en cualquier punto e iniciar ese mismo proceso. Entra sencillamente en una habitación, abandona tus conceptos en la puerta y experimenta tu apartamento en lo que es. ¿Te agrada lo que ves? ¿Hay algo que desees cambiar? Descansa en la mente vasta y luego, cuando hayas analizado la situación, continúa adelante y pone los guantes de goma para empezar a limpiar.

A continuación, fijémonos en cómo colgar arte como un garuda. Normalmente, te pasearías por la casa con el martillo, machacando las paredes y colgando las obras de arte en distintas habitaciones, a alturas diversas, sintiéndote casi siempre insatisfecho con los resultados. Pero también puedes tomarte un minuto para relajar la mente, liberarla de cualquier idea acerca de cómo colocar las obras. Observa el espacio de la pared igual que el garuda inspecciona su terreno: libre de conceptos. Recorre la casa, manteniendo la mente tan abierta como el cielo.

Al cabo de pocos minutos de descansar en la mente espaciosa, fíjate en qué sensaciones emergen. Si te sientes atraído hacia cierta zona, explórala. Si sientes que ahí es donde quisieras tener tu obra de arte, entonces es hora de que empieces a ponerte manos a la obra. Utiliza una cinta métrica para medir y determinar exactamente dónde debes clavar el clavo y ejecuta el proyecto con gran cuidado y precisión.

De la vasta mente del garuda se manifestarán acciones increíblemente precisas y sutiles. Esta manera de relacionarse con el mundo puede empezar en casa, pero, claro está, es aplicable también al resto de tu vida.

## Familia

Si queremos oportunidades para trabajar con la mente habitual, pasar una semana en familia representa un momento de práctica óptimo. No solo cuentas con oportunidades para echar un vistazo a dinámicas un tanto tensas, sino que puedes llegar a captar la realidad del envejecimiento y la impermanencia en personas que conoces de toda la vida.

A menudo, cuando estamos en el cojín de meditación, lidiamos con nuestros antiguos conceptos sobre cómo creemos que deberían ser las cosas. En una familia, los conceptos acerca de lo que significa hacerlo bien desde el punto de vista profesional, cuándo es el momento adecuado para beber o a qué edad hay que casarse se van resolviendo a lo largo de generaciones. De hecho, el *ethos* de una familia puede parecer impenetrable.

No obstante, si podemos mantener la ecuanimidad incluso frente a tensas dinámicas familiares, estaremos menoscabando esas antiguas nociones acerca de cómo deberían ser las cosas. Permaneciendo abierto en medio de conversaciones tensas, estarás desenredando la madeja que suele ser la dinámica habitual de tu familia. Por difícil que pueda parecer, al mantener la ecuanimidad en medio de la tensión estarás ayudando a que todo el mundo se calme.

Aunque seas el tipo de persona con una dinámica familiar estupenda, quizá te resulte doloroso comprobar los efectos del paso del tiempo en quienes amas. Reconocer la realidad de la situación de tu familia y aceptarla es la práctica de un guerrero que encarne al garuda. Atravesar tus propias capas sobre cómo esperas que las cosas sean en tu familia y permanecer abierto a cómo son en realidad es una verdadera práctica de *bodhichitta*.

Puedes comprobar la parte buena y la mala de tu dinámica familiar particular, y llegar a sentir un inmenso amor y una gran ternura por aquellos que han estado contigo durante toda la vida. En lugar de caer en una dinámica estática, puedes deshacer hábitos familiares y mantener una mente abierta, liberada de tener que acatar nociones prefijadas acerca de cómo deberían ser las cosas.

## Dinero

En la sección del tigre investigamos nuestra relación personal con el dinero, y en la del león de las nieves, consideramos cómo utilizar el dinero como una influencia positiva en el mundo. El camino del garuda es comprender que el dinero no es tan sólido como pudiéramos haber pensado en un principio y que por ello nuestra relación con la riqueza también es maleable y fluida.

El guerrero que sigue el ejemplo del garuda aplica las enseñanzas sobre cambio y fluidez de la realidad a su relación con el dinero. Por ejemplo, piensa en la última vez que sacaste dinero de un cajero. Al final del proceso es probable que saliese un recibo impreso indicando cuál era tu saldo. Si la cifra te pareció elevada, sentiste esperanza, y si te pareció baja, sentiste miedo. Sin embargo, no es más que un número. Carece de sustancia perdurable.

Mirar el dinero que tienes en la cartera también es algo efímero. No es más que papel y metal. Solo vale la cantidad que la sociedad decide insuflarle. Es una herramienta conceptual para ayudarnos a demostrar que hemos ganado algo a través de nuestro esfuerzo, y también para permitirnos cambiarlo por cosas y servicios. El dinero en sí mismo no puede perjudicarnos; son los conceptos y emociones que le endosamos lo que hace que esas cifras y trozos de papel y metal nos provoquen angustia.

No tenemos que estratificar nuestra relación con el dinero con millones de esperanzas y temores. En lugar de ello, podemos alcanzar a comprender la naturaleza vacía y fluida del dinero en sus diversas formas. Cuando consideramos el dinero de esa manera, nos liberamos de una mente prefijada acerca de lo que es y no es posible. Al aflojar nuestra relación conceptual con la riqueza, podemos empezar a considerar el dinero como un medio de enriquecernos nosotros mismos. Nos damos cuenta de cuándo asoma una mentalidad orgullosa o de pobre y, en lugar de abandonarnos a esas líneas de pensamiento, relajamos más la mente, dando espacio a esos pensamientos para su aparición y disolución sin tener que esforzarnos mucho por nuestra parte.

Cuando nuestra relación con el dinero es de ese tipo, estamos afirmando su calidad energética de una manera que se torna muy potente. No somos esclavos de nuestros conceptos acerca de nuestra valía. Sabemos que el dinero es tan fluido y cambiante como todo el resto de cosas en el mundo, y vemos que podemos utilizar este componente esencial de la sociedad para nuestro propio desarrollo personal. Al adoptar esta actitud de libertad respecto de los conceptos, podemos utilizar el dinero de manera que nos beneficie a nosotros y a los demás. Dirigiendo nuestra perspectiva contemplativa a los elementos más básicos de nuestra vida nos permite expandir nuestra visión acerca de lo que tenemos que ofrecer en todos los frentes.

## Los aparatos electrónicos

En algún momento dado a lo largo de mi vida, la sociedad empezó a depender de pequeños artilugios electrónicos. Antes, si te perdías, tenías que consultar un mapa o preguntarle a alguien la dirección. Hoy, a la gente le basta con consultar sus teléfonos para descubrir con rapidez su situación exacta. La manera de llegar allí donde quieres dirigirte está a un clic de distancia.

En la sociedad de hoy en día no son muchas las cosas de las que puedas estar seguro, pero una de ellas es que los aparatos electrónicos se estropean. Tras examinar el mundo que nos rodea, ahora sabemos que todo es impermanente. Así pues, no debería sorprendernos que los artilugios de los que dependemos también fallen y se rompan. No obstante, a muchos de nosotros nos sorprende y nos enfurecemos cuando la tecnología de la que tanto dependemos nos falla al estar sometida a las mismas fuerzas de la naturaleza que todo lo demás.

Me resulta fascinante el hecho de que simultáneamente la tecnología nos haya posibilitado comunicarnos mejor y que a la vez haya conseguido que nuestra comunicación sea menos clara. Puedes recibir un correo electrónico de alguien y después de haberlo leído 20 veces seguir sin tener claro si esa persona te está tomando el pelo o si en realidad está enfadada e intenta ser dañina.

Dada la prevalencia de la tecnología en la sociedad actual, no podemos limitarnos a ignorar esos aparatos electrónicos.

Todos nosotros contamos con algo que consideramos útil porque nos facilita la vida, y difícil porque a veces nos confunde y en ocasiones se estropea.

El camino del garuda es utilizar los diversos dispositivos que existen en nuestra vida, sea un portátil, un móvil o la televisión, sin apegarnos a la esperanza o el temor. Podemos adquirir los últimos juguetes tecnológicos e intentar utilizarlos, pero al mismo tiempo reconocer su naturaleza básica. Igual que una nueva relación afectiva o un nuevo trabajo, un nuevo dispositivo no podrá reportarnos felicidad. Sabiendo que la auténtica alegría proviene de estar presente en todo lo que surge, depende de nosotros descubrir cómo emplear la tecnología de manera que nos permita avanzar hacia ese objetivo.

## Salir por ahí

Puedes ser un "buen" budista y no obstante salir por ahí de marcha el sábado por la noche. Lo que importa es no aparcar tu mente meditativa cuando aparcas tu vehículo, sino mantenerla funcionando vayas donde vayas. Al mantener una mente abierta puedes observar la realidad con mayor claridad y saber cómo actuar de una manera decente y adecuada.

Si sales con amigos a un bar, fíjate en cuánto tiempo eres capaz de permanecer apartado de los conceptos. Tal vez empieces a clasificar inmediatamente a la gente que veas. A partir de ese momento, te estás rindiendo a las tres reacciones básicas: «Está buenísima. La quiero», «Es tonta, tengo que quitármela de encima» o: «No sé si eso que lleva en el dedo es un anillo, así que la ignoraré».

Al acercarte al bar, comprueba si puedes relajarte y estar presente con quien sea que estés pasando la velada. Mantén cierta sensación de apertura a la noche y la compañía, y observa qué sucede. Si acabas descubriéndote en una situación delicada, y puedes estar presente mientras dicha situación se desarrolla, serás capaz de saber cómo reaccionar mejor.

Cuando se mantiene la mente abierta en lugar de concentrarse en pasar una noche perfecta, a menudo se acaba teniendo una experiencia divertida. Pero no porque la hayas manipulado o planeado para que así fuera, sino porque estabas relajado y abierto a las oportunidades que pudieran surgir. De hecho, cuando intentas "fabricar" diversión, la noche nunca acabará estando a la altura de tus expectativas. Solo relajándote verdaderamente con lo que aparezca en tu camino podrás disfrutar de ti mismo.

Un buen ejemplo es Nochevieja. Cada año la gente desarrolla un plan que considera maximizará su potencial de pasarlo bien. Puede incluir invitar a unos cuantos amigos a casa o ir de fiesta en fiesta, pero cuando el reloj señala medianoche esperan tener el momento de su vida. Con esta increíble expectativa no es de extrañar que la mayoría se sientan deprimidos. Año tras año, miles de personas intentan conceptualizar una experiencia divertida y convertirla en una realidad, sin darse cuenta de que si relajasen sus conceptos acerca de cómo debería ser la Nochevieja probablemente se lo pasarían tremendo.

Te sugiero que esta Nochevieja intentes estar abierto a todo lo que surja. Abandona cualquier plan o idea prefijada sobre cómo debería transcurrir todo. Aunque tengas una ligera idea sobre cómo debería empezar la noche, intenta entrar en la situación sin pensar dónde estarás a medianoche. Disfruta de la noche con buenos amigos. Mantente abierto a conocer amigos nuevos. No intentes pasártelo bien, pero permítete pasarlo bien. Antes de salir, deja en casa tus nociones acerca de lo que debería suceder y relájate. Si empiezas la noche sin objetivos prefijados, estoy seguro de que te lo pasarás fenomenal.

Al emprender el camino del garuda estamos aprendiendo a mantener una mente amplia y espaciosa en todas las situaciones, tanto en el trabajo como en casa, con aquellas personas a las que amamos, con nuestro dinero, con nuestros dispositivos electrónicos o saliendo de marcha por la noche. Podemos hacer todo eso si aprendemos a equilibrar, con la ecuanimidad del garuda, una comprensión acerca de cómo funciona el mundo que nos rodea.

Cuando nos relajamos y abrimos nuestra mente y corazón totalmente, entonces nuestras acciones fluyen de manera natural desde ese punto panorámico. Podemos seguir el consejo de Padmasambhava y mantener una mente vasta a la vez que estamos abiertos a realizar actos sutiles que nos beneficien a nosotros mismos y a los demás. No hemos de pensar en todos los escenarios posibles. Podemos dejarnos ir con el fluir de la vida y relajarnos en la libertad.

# Parte IV:

# Relájate en la magia

# 20. Canta una canción Vajra (en la ducha)

«Tengo la magia en mí.»

RIVERS CUOMO

La bondad fundamental es importante. Al estudiar las tres primeras dignidades del tigre, el león de las nieves y el garuda, estábamos estudiando básicamente cómo conectar con nuestra sabiduría innata y cómo utilizarla como una brújula moral. Las diversas cualidades que hemos contemplado y que están relacionadas con las dignidades pueden ayudarnos a conectar con el mundo y abrir nuestro corazón a los demás. El generador de toda esa actividad despierta ha sido, y continúa siendo, nuestra bondad fundamental.

El común denominador en cada dignidad es que regresamos una y otra vez a estar presentes, en este momento. Si queremos ser felices en la vida cotidiana, hemos de estar en la misma. Y si queremos aprender a resultar beneficiosos a los demás, hemos de estar presentes a fin de saber cómo ayudar mejor.

Todo nuestro camino al explorar esas dignidades no hace más que reforzar la noción de que hemos de conectar lo que sucede ahora mismo, y cuando estamos presentes en el ahora, estamos conectando con nuestra bondad fundamental.

No obstante, al entrar en el camino de la cuarta dignidad –el camino del dragón– tiene lugar un cambio primordial. Nos alejamos del entrenarnos en cómo ser algo concreto y nos relajamos y *somos* en el mundo. Al emprender el camino del dragón, estamos presentes en nuestras vidas, manifestando continuamente nuestra sabiduría innata. Aprendemos a dejar que fluya sin esfuerzo nuestra bondad. Y lo que es más importante: utilizamos todo lo que tenemos a mano como oportunidades de expresar esa belleza innata.

Este es el terreno de las enseñanzas Vajrayana. El Vajrayana sigue en la línea de la tradición Mahayana en lo tocante a que incluyes a todo el mundo como parte de tu camino de compasión. Te fundamentas en la disciplina Hinayana de ocuparte bien de ti mismo, pero sigues viviendo el ideal Mahayana de vivir una vida que beneficie a los demás. No obstante, el Vajrayana no solo trata de comportarse bien con las personas que encuentras en la vida. Y no solo tu molesto jefe o amante infiel forman parte de tu camino. El Vajrayana se basa en considerar a todo el mundo y aprovecharlo *todo* como una oportunidad de estar despierto.

Al explorar el Vajrayana, tu camino también es ese *gin-tonic* del viernes por la noche. Tu camino es ese caramelo que guardas en tu escritorio y que es solo para ti. Tu camino es esa canción que te produce un placer inconfesable y que murmuras en la ducha. Todo lo que haces durante la jornada es una oportunidad de practicar, tanto si alguien interactúa contigo como si no. Aunque solo le estés cantando a tu pastilla de jabón, totalmente solo en tu piso, este camino trata de continuar manifestando tu bondad fundamental.

El camino Vajrayana se basa en observar todo el meollo de tu vida, todo eso sobre lo que pasas de largo normalmente, y contemplarlo. «¿Cómo puedo expresar mi sabiduría innata aquí?», o: «¿Cómo puedo expresar mis cualidades iluminadoras básicas?». Eso implica observar los diversos aspectos de tu vida, esos que normalmente puedes considerar como vicios, y pasar a considerarlos oportunidades de practicar la mente meditativa.

La cuestión de expresar tu bondad fundamental puede parecer tonta cuando se trata de cantar esa canción que te provoca un placer inconfesable en la ducha, pero vale la pena intentarlo. Piensa en la de ocasiones en que estás solo y que sabes que nadie va a juzgarte excepto tú: ¿estás realmente abierto y eres libre? ¿O bien te sientes lleno de autoaversión y duda, y te limitas a murmurarle a la pastilla de jabón, intentando ocultar tu corazón?

Al explorar hasta qué punto estamos en contacto a la hora de manifestar nuestra bondad innata, podemos aplicar la delicadeza del tigre y no juzgarnos severamente, sino utilizar cada acto inquisitivo como una oportunidad de celebrar lo lejos que hemos llegado desde que empezamos a practicar meditación.

Continuamos siendo amables con nosotros mismos y mantenemos una actitud imparcial incluso al nivel Vajrayana. Especialmente al nivel Vajrayana.

*Vajrayana* es una palabra sánscrita que podría traducirse como "vehículo indestructible". *Vehículo indestructible* no es simplemente un apelativo guay para un estilo de vida budista (aunque también lo es). Más bien, el término apunta a un aspecto de nosotros mismos que no podemos apartar a un lado, ni acabar de pasar de largo o despedazar. El camino Vajrayana está relacionado con comprender y luego expresar lo único que es auténticamente indestructible: nuestro propio estar despiertos.

Un término que quizá hayas escuchado en relación con el Vajrayana es *tantra*. A veces este mismo vehículo se denomina Tantrayana. Una manera de definir *tantra* sería "continuidad". Cuando se utiliza en ese sentido, la palabra apunta a la continuidad de la vigilia. El camino del Tantrayana se basa en permanecer continuamente abierto o en contacto con nuestra bondad fundamental. Se dice que no hay tiempo para tomarnos un descanso en nuestra práctica; debemos estar siempre sintonizados con nuestro corazón y actuar de acuerdo con ello. Si somos capaces de permanecer despiertos en todos los aspectos de nuestra vida, entonces estamos recorriendo el camino hacia la iluminación.

Tras meditar durante unos meses o años, quizá puedas sentir que no estás despierto en todos los aspectos de tu vida. No eres el único. De hecho, la mayoría de nosotros experimentamos dificultades para mantenernos abiertos, incluso cuando se trata de cantar en la ducha canciones de las Spice Girls. Y la causa es que no hemos desarrollado una confianza profunda en nuestra bondad fundamental.

En cierto sentido, las enseñanzas budistas Shambhala son muy simples. Mediante las cuatro dignidades, regresamos una y otra vez a estar abiertos a nuestra vida. Estamos en todo momento en contacto con el generador de nuestra actividad compasiva, que es nuestro corazón abierto. Seguimos haciendo referencia siempre a la fuente de nuestra habilidad para permanecer tan abiertos, porque somos básicamente buenos.

No obstante, y aunque estemos dedicados a vivir una vida sana y amable, no tenemos necesariamente que ir por ahí confiando en que en el fondo somos encarnaciones de bondad fundamental. Por ello, y si queremos emular al dragón, hemos de confiar en nuestra bondad fundamental. Ser un *pawo*, alguien valiente, se basa en tener el coraje de superar la fastidiosa voz de la sociedad que no ha dejado de murmurarnos al oído desde nuestro primer día que no somos lo bastante buenos, guapos o inteligentes. Significa desmantelar poco a poco nuestra tendencia habitual a dudar de nosotros mismos.

Nuestra manera de pensar acerca de esta dignidad es equiparar dónde te hallas en el camino con desenredar una madeja de hilo. Has herido de tal manera tu sentido de la identidad que resulta difícil incluso imaginar poder llegar a ser algo distinto de ti mismo, un gran ovillo de hilo. Eso no es más que quién eres; nada de hilo, ni de bramante, sino un ovillo de hilo.

No obstante, empezar a meditar es como dar un golpe a ese ovillo. Empieza a rodar un poco y luego asoma un hilo perdido. Ese hilo puede ser la estricta rutina que adoptas cada mañana, o un cierto "tipo" que es tu compañero ideal. En otras palabras, es un concepto prefijado. Es lo que tú crees ser.

Meditando empiezas a ver que las cosas no son tan sólidas como habías imaginado. Empujando un poco más, puedes desenredar parte de tus rasgos endurecidos. A partir de ese punto de comprensión inicial, puedes inspirarte para utilizar distintas prácticas meditativas y contemplativas para tirar de ese hilo. Empiezas a separar todos los aspectos negativos de tu vida, esos que siempre quisiste perder de vista. Al mismo tiempo, no pareces el mismo que antes. Ese sólido ovillo parece ahora un montón de hilos sueltos. Es como cuando te levantas del cojín de meditación y te sientes relajado y desahogado,

Justo cuando empiezas a sentirte más espacioso y desahogado, con hilo por todas partes, comienzas a encontrarte con grandes nudos. Esos nudos existen desde que eras un ovillito; son tus dudas inherentes. Son tus padres diciéndote que los niños buenos no hacen según qué cosas. Son los anuncios de televisión que dicen que la gente que triunfa no tiene tu aspecto. Es tu falta de fe en tu propia sabiduría innata. Es lo que te impide ser espacioso y estar abierto todo el tiempo.

Tras haber estirado un poco de tus rasgos negativos y descubierto la realidad de que no eres tan sólido como habías imaginado, todavía te queda mucho camino por delante. Necesitas deshacer esos nudos. Dicho de otra manera, necesitas abordar directamente cualquier reparo que pudieras albergar acerca de tu bondad fundamental. Este nivel de incertidumbre no es una simple duda cotidiana. Es la desconfianza subyacente que inspira una corriente de pensamiento que cuestiona tu vida y valía.

En una ocasión, durante un programa de meditación que daba en Boston, los participantes propusieron algunas preguntas anónimamente, y luego, en grupo, hablamos sobre cómo aplicar las enseñanzas tradicionales de las cuatro dignidades a esos problemas. Una persona escribió una nota diciendo que estaba preocupada porque su novio no la quisiera, porque no se lo decía en voz alta. Durante nuestro debate nos dimos cuenta de que, en una situación así, una persona puede tomar cartas en el asunto directamente comunicándole abiertamente al novio que necesita oírle expresar su amor más a menudo. Eso está bien.

Pero la auténtica duda que persiste entre las capas de hilo es: «¿Me quiere?»; es decir, la incertidumbre de que de hecho seas digno de ser amado. Creo que todos hemos tropezado con ese nudo en distintas ocasiones, o al menos con uno que se le parece mucho.

Todos tenemos nuestros propios nudos, y cuando nos damos cuenta de que son diversos aspectos de incertidumbre, necesitamos deshacerlos observándolos muy de cerca y comprobar de qué se trata en realidad. Si no deshacemos nuestros nudos de duda, esa trampa de la incertidumbre se manifestará de mil maneras distintas. Debemos profundizar y abordar esos nudos con la clara visión de la sabiduría del dragón.

El dragón no se deja atrapar por los nudos de la incertidumbre, sino que se muestra fluido y juguetón en medio de todos los elementos del mundo. Sea en una noche en el cine o en una pelea de bar, el dragón está incondicionalmente presente. Y eso se debe a que se ha liberado de la trampa de la incertidumbre. Ha puesto su práctica en acción y encarna de verdad la sabiduría de estar totalmente presente. Como no intenta manifestar las enseñanzas budistas, sino que se limita a actuar de acuerdo con su corazón, no hay posibilidad de que se enrede en los nudos de la duda.

Hay un truco para seguir el ejemplo del dragón. No podemos rechazar mentalmente nuestros nudos de duda e incertidumbre. No podemos teorizar para deshacernos de los mismos. Solo podemos relajar la mente en nuestra propia innata sabiduría. Desde ahí aumentará nuestra confianza en la bondad fundamental y las dudas se desenredarán de forma natural.

Tal como dijo en una ocasión Khenpo Tsultrim Gyamtso Rimpoché, uno de mis maestros: «A veces necesitas esforzarte mucho en la práctica y otras has de tomártelo con calma. Ambas actitudes son importantes. Los principiantes deben esforzarse, a medida que vas adquiriendo práctica te relajas un poco, y al final estás perfectamente relajado. Pero, sin embargo, si te apegas demasiado a la relajación te vuelves rígido. Así que tampoco te apegues a la relajación». Cada uno de nosotros debe hallar el equilibrio correcto entre relajación y esfuerzo para superar la incertidumbre y revelar nuestra bondad fundamental.

Mientras continuamos aumentando la confianza en nuestra bondad fundamental, nos liberamos de capas de incertidumbre igual que un lagarto muda de piel. Te quitas de encima todas las veces que te escogieron el último para jugar a balón prisionero. Y todas las veces que te sentiste incompetente en el trabajo. Y todas las que fuiste rechazado en el amor. Al liberarte de la incertidumbre y estar presente lo suficiente como para entrar en contacto con tu corazón, estarás mudando tu piel oscura y mugrienta. Por debajo eres *ziji*: confianza. Eres *bodhi*: abierto. Bajo las capas de incertidumbre eres majestuoso como el dragón. Confías en ti mismo y en el mundo.

Pero ser majestuoso como el dragón no significa que no aparezcan cosas perjudiciales que intenten arrancarte de ese estado de confianza. No se trata de un conjunto de enseñanzas sobre cómo ser elegido primero para balón prisionero. Habrá dolor, angustia y aflicción. El dolor es inevitable, pero permitir que te separe de tu propia sabiduría es opcional. El camino del dragón está abierto a todas las experiencias que la vida puede ofrecer y, lo más importante, considera los obstáculos como combustible para el sendero espiritual.

El dragón encarna las enseñanzas que ha recibido. Por ello, recorrer el camino del dragón no tiene por objeto intentar transformarte en algo nuevo. Trata de despertar a quien ya eres. No has de esforzarte en ser compasivo; ya eres compasivo. No has de entrenarte para ser sabio; ya eres sabio. Cuando juntas ambos aspectos –compasión y sabiduría–, automáticamente sabes cómo actuar en el mundo.

El león de las nieves y el garuda son senderos de exploración de la compasión. El del dragón tiene por objeto descansar en nuestra sabiduría. Juntas, esas dignidades, conforman un puente entre las enseñanzas Mahayana y las Vajrayana. En cierto sentido, son las dos caras de una misma moneda. La unión de compasión y sabiduría da paso a la pericia en los métodos. Cuando encarnas estas dignidades, estás manteniendo una mente vasta y actuando de acuerdo con tu corazón. De esta perspectiva fluye la manera más capaz de vivir tu vida con naturalidad.

El camino del dragón lo observa todo, lo bueno y lo malo, e intenta alcanzarlo como si fuesen la cosa más deseable de la vida. Anhelamos lidiar con nuestro mundo de manera directa, porque entonces podemos unir compasión y sabiduría para llevar a cabo cosas. Podemos vivir nuestra vida diestramente. No nos sentimos aplastados por la incertidumbre, y por ello estamos abiertos y somos enérgicos al relacionarnos totalmente con todo lo que se manifiesta. Eso no es elegir qué cosas nos gustan y cuáles no, ni cuáles preferimos ignorar. Todas ellas son combustible para la hoguera, que es la experiencia del ahora. Todas forman parte de la gloriosa canción Vajrayana que cantamos para nosotros mismos, incluso cuando no se trata más que de cantar en solitario en la ducha.

# 21. La autenticidad del dragón

En Occidente, los dragones han tenido muy mala prensa. Suelen representarse como el enorme enemigo escamoso que tiene secuestrada a una damisela angustiada. Escupen fuego y comen gente. El punto culminante de muchos cuentos infantiles es cuando un valiente mata al dragón, libera a la princesa y luego ambos viven felices y comen perdices.

Por el contrario, en Oriente, los dragones suelen ser venerados por su sabiduría. Son criaturas benevolentes que ayudan a los seres humanos y representan algunas de las fuerzas más primordiales de la naturaleza. Se preocupan de todo aquello que requiere su atención. Lo único que ambas tradiciones comparten es el nombre de tan legendaria criatura.

En la tradición occidental, la palabra *dragón* tiene sus raíces en el griego *drákon*, que podría traducirse como "serpiente de enorme tamaño". Tanto la tradición oriental como la occidental representan al dragón como un enorme animal serpentino, lleno de escamas, con garras y capacidad de escupir fuego. El dragón puede volar por el aire, nadar en el agua y tener su hogar en la tierra. En resumidas cuentas, el dragón participa en todos los elementos.

Esta palabra griega para dragón es mucho más interesante que una descripción física. Muchos lingüistas han especulado con que la palabra *drákon* podría tener sus raíces en el verbo *drakeîn*: "ver con claridad". En la sección sobre el garuda hablamos de abandonar el terreno firme y entrar en el espacio. Con el dragón aprendemos a estar en ese espacio. Aprendemos a ver con claridad nuestro mundo, con sus cualidades sagradas y mágicas, y a deleitarnos con nuestras experiencias.

En el budismo Shambhala hay una frase a menudo asociada con el dragón, que dice que es «el agua del agua y el fuego del fuego». El dragón ve el mundo con claridad porque no está encadenado a sus propias preocupaciones o manera de proteger una sensación sólida de "mí". Interacciona con el mundo con verdadera libertad y hace aquello que el entorno le pide que haga. Vivir su vida no representa una lucha, sino una rica y potente oportunidad de crear cambios positivos en el mundo. Si surge una situación en la que se necesita el elemento agua, el dragón volará hacia las nubes para crear lluvia. Si lo necesario es el fuego, escupirá fuego. Puede ver con claridad lo que la situación requiere y actuar en consecuencia.

Utilizar los elementos según las circunstancias no tiene por qué convertirse en nada legendario. Nosotros también podemos ver las situaciones con claridad y actuar en consonancia, igual que el dragón. Cuando nos encontramos en una reunión y nuestros compañeros de trabajo divagan creando remotos escenarios hipotéticos, la manera de encarnar el dragón y devolverlos a la tierra es conectarlos a la realidad de la cuestión que se está tratando.

Si tu amante se preocupa demasiado sobre algo, tal vez lo mejor que puedes hacer es acompañarlo a dar un paseo. Así puede dejar de mirarse el ombligo y pasar a experimentar la sensación de espacio y cielo que lo rodea. Dispondrá de una oportunidad para apartar la mirada de lo que le preocupa y respirar aire fresco, que probablemente le aparte de su depresión.

Si llegas a casa de unos amigos y de inmediato te das cuenta de que se estaban peleando, no tienes que sentarte e intentar resolver sus desacuerdos. Una manera de encarnar al dragón es observar la fría atmósfera que se ha creado y proporcionar calidez. No es necesario que escupas fuego por la boca, sino que proporciones alimento y calidez preparando té para tus amigos, o bien contando un chiste.

Tú también puedes sentirte furioso a veces. Tal vez tuviste una cita amorosa y sentiste una pasión ardiente, pero ahora estás en tu piso solo. El camino del dragón es muy sencillo en este caso: date una ducha fría. A lo largo del día te encuentras constantemente con oportunidades para utilizar esos elementos de maneras sencillas que pueden crear espacio y deleite en quienes te rodeen.

## Los cuatro karmas

El hecho de que no hayamos visto un dragón de verdad no significa que tengamos que tomarnos el camino del dragón como algo metafórico. El dragón es increíblemente práctico, porque ve las situaciones con claridad. Ha desarrollado un sentido maduro de *prajña*. Sabe que en algunos casos deberá ser diplomático y que necesitará aplacar problemas. En otros casos deberá aportar su perspicacia u opinión para enriquecer una conversación. O bien pudiera decidir atraer nuevos factores para resolver un problema. De ser absolutamente necesario, incluso puede enfadarse y actuar de manera destructiva, pero con la intención de beneficiar a otros.

Esas cuatro maneras de hacer frente a las situaciones –pacificar, enriquecer, atrae y destruir– se conocen como los *cuatro karmas*. No se trata de karma en el sentido de que "recoges lo que siembras", o en el sentido amplio de acciones meritorias y no virtuosas que afectan a vidas futuras. La traducción más simple de la palabra *karma* es "acción". Podemos involucrarnos en cuatro tipos de actos, y cada uno de ellos producirá distintos resultados. Algunos nos proporcionarán más amigos que otros, así que es importante cultivar el aspecto del dragón que sabe cómo leer una situación correctamente.

Cuando se enfrenta a un obstáculo, el dragón puede reaccionar de acuerdo con lo que necesita suceder utilizando uno de los cuatro karmas. El dragón no se adapta a cómo el "yo" considera que deberían ser las cosas, y el resultado es que puede ver lo que otra gente necesita que ocurra. A veces ese nivel de actividad compasiva es positivo, como cuando alaba a alguien por su buen trabajo. En otras ocasiones puede parecer más negativo, pero sigue siendo compasivo, como cuando le dice a una amistad que deje a una pareja maltratadora.

Al igual que el dragón, cuando puedes dejar de pensar únicamente en ti mismo y en tu perspectiva, las cosas empiezan a funcionar un poco más. Ves lo que es necesario que ocurra, incluso aunque otras personas todavía no hayan llegado a la misma conclusión.

Piensa en la última vez en la que alguien te comunicó unas novedades impactantes. ¿Cómo reaccionaste? ¿Empezaste ofreciendo consejos de inmediato? ¿Planteaste maneras distintas en las que creías que debía manejarse la situación? Tómate un instante para reflexionar acerca de cómo abordaste esas noticias.

Ahora piensa en lo que hubiera pasado si al escuchar las novedades las hubieses dejado reposar en tu mente, te hubieses relajado y empapado de ellas. Tal vez deberías haber permitido un intervalo antes de reaccionar, podrías haber planteado algunas preguntas exploratorias antes de sacar conclusiones precipitadas. Quizá hubieras podido reflexionar y dejar que la situación se desarrollase hasta que resultase obvio que debías reaccionar o implicarte de alguna manera. En lugar de intentar manipular la situación, podrías haberte tomado una pausa y descansado, esperando el momento adecuado para actuar. ¿No te parece una opción bastante mejor que lo que sueles hacer normalmente?

El dragón descansa en el espacio no conceptual hasta que se requiere una acción. Sabe que en muchas ocasiones, lo más inteligente es no hacer nada. Está dispuesto a conceder el preciado don del tiempo a todas las situaciones, permitiendo que se solucionen por sí mismas, y actuando solo cuando una acción es verdaderamente necesaria. Por ello, se le percibe como inescrutable.

## El inescrutable dragón

A veces, cuando paso tiempo con Sakyong Mipham Rimpoché, lo experimentó como un dragón inescrutable. En las ocasiones en que la gente charla de cosas intrascendentes con él y hablan de quién sale con quién o de que algunas personas actúan de forma que les parece antibudista, lo observo, al igual que lo observo cuando le hablo de mis nimias preocupaciones o cuando la gente se queja delante de él. Sakyong ni niega ni confirma lo que tiene lugar. Por ejemplo, no interviene diciendo: «Maron es demasiado buena para el tal Justin», o: «¿Por qué te quejas de esa persona del *sangha* cuando tú también eres un capullo?». Cuenta con una capacidad única de actuar como un espejo para los demás, no reaccionando de una manera perceptible. Permanece amplio y abierto.

En ese espacio, las emociones baladíes de la gente se disuelven de forma natural. Cuando eso sucede lo bastante a menudo, las personas pueden darse cuenta de lo tontamente que están actuando. En esas situaciones su presencia resulta difícil de describir o categorizar: es inescrutable.

*Inescrutable* es la traducción que hizo Chögyam Trungpa Rimpoché del término tibetano *spyang grung*. Básicamente combinó dos palabras. La primera significa "inteligente" y la segunda "sabio". Esta sabiduría inteligente no solo hace referencia a saber muchas cosas. Es la idea de que puedes encarnar sabiduría y de que, desde esa perspectiva, puedes ser lo suficiente inteligente para saber cómo utilizar esa sabiduría.

La inescrutabilidad cuenta con una cualidad lúdica. A veces, cuando le hago una pregunta a Sakyong Mipham Rimpoché y no me responde de forma directa o saca a colación una cuestión totalmente distinta, me pregunto: «¿Me está tomando el pelo?». Existe una posibilidad de que esté actuando como un espejo, dejando que yo dé con mi propia sabiduría, mostrándose esquivo con su respuesta. O también existe la posibilidad de que esté jugando. La mayoría de las veces creo que hace ambas cosas a la vez.

Hay algo confiado y no obstante relajado en el guerrero que encarna las cualidades del dragón. Observar a alguien que encarna al dragón inescrutable es como observar a un bailarín increíblemente bien entrenado. El bailarín cuenta con una fortaleza tremenda. Ha ensayado todos los movimientos que ejecuta y puede bailar de manera impecable. Sin embargo, su energía procede del hecho de que mientras baila deja de intentar dar bien todos los pasos, y en lugar de ello simplemente baila. En su danzar existe un elemento confiado y espontáneo. De igual manera, cuando encarnamos las cualidades del dragón, estamos dejando de intentar ser buenos budistas y tratamos de ser verdaderamente humanos.

## Las cualidades del dragón

### Sentido del humor y del deleite

Lo que a ti y a mí pueden parecernos graves problemas, como la guerra o gobiernos corruptos, problemas insuperables y que nos hacen sentir impotentes, hacen que el dragón experimente un saludable sentido del deleite. Sabe que todo es impermanente y que todos los problemas son más fluidos de lo que originalmente percibimos. Por ello, encara esas grandes cuestiones con sentido del humor. No se trata simplemente de contar un chiste para tranquilizar las mentes de otros, sino que se basa en la capacidad de sentir alegría incluso en situaciones problemáticas.

También en los obstáculos cotidianos, como tener demasiado trabajo o perdernos la película que queríamos ver, el dragón halla deleite. Mantiene un saludable sentido de disponibilidad, y está abierto a la posibilidad de que incluso situaciones frustrantes puedan presentar una oportunidad para desarrollar virtud y felicidad. Eso es algo más que simplemente sonreír frente a situaciones desgraciadas solo porque quieres ser un buen budista. Además, eso no existe, pues "buen" es subjetivo. El dragón está más allá de las ideas de ser bueno o malo, y sabe que lo que no le matará le hará más fuerte. Se lanza hacia la adversidad con una sonrisa en el rostro, porque sabe que solo a través de esas experiencias podrá practicar a la vez la fortaleza y el relajarse.

Nosotros también podemos vivir nuestra vida con deleite, relajándonos sabiendo que incluso las situaciones más difíciles son impermanentes. A veces, cuando los males del mundo nos ponen a prueba, lo que se necesita es exactamente sentido del humor. Nos sentimos revitalizados por la fluidez del mundo que nos rodea, y ese conocimiento nos permite capear el temporal y mantener una actitud digna.

## Presencia genuina

El dragón siempre es genuino. Aunque deba emplear los cuatro karmas, seguirá siendo genuino. No mentirá de manera alguna. Si lloras porque te han dejado, el dragón te consolará, pero no te contará las mentiras que quieres escuchar sobre tu ex. Si actúas como un tonto, provocando confusión en ti mismo y en otras personas, te cantará las cuarenta de manera muy directa.

Por muy frustrante que pueda parecer en algunas ocasiones, el dragón se ha comprometido a ser genuino de la manera más compasiva posible. Es muy raro conocer a alguien verdaderamente genuino. Cuando te presentan a alguien por primera vez, la mayoría de la gente no te mira a los ojos y habla solo de temas mundanos. «¿En qué trabajas?» suele ser una pregunta habitual. O: «¿Cómo conociste a nuestro amigo común?». A partir de ahí podéis hablar de cualquier tópico, y si te quedas sin tema, siempre puedes sacar el de los últimos vídeos graciosos que has visto en Internet.

Pero, de higos a brevas, conoces a alguien que –sin que la situación sea especialmente melodramática– te contará lo que tiene en mente. Te dará información real acerca de quién es e invertirá tiempo haciéndote preguntas para intentar averiguar qué es lo que te impulsa o interesa. Ese tipo de persona está más interesada en conocerte que en intentar convencerte de que te tiene que gustar.

El dragón es de ese tipo de personas. No necesita gustarte, pero te gusta porque es genuino. Porque al dragón no le importa cómo se le percibe, pues es libre para interactuar con los demás de una manera restringida por la incertidumbre. Manifiesta bondad fundamental y la gente se siente atraída por su genuina presencia.

De la misma manera, también nosotros podemos exhibir una presencia auténtica. Cuando lo hacemos podemos vivir nuestras vidas de manera muy directa. No necesitamos contar mentiras piadosas, o convencer a los demás de nuestras ideas. En lugar de ello, podemos manifestar quiénes somos, lo cual es un regalo para nosotros mismos, así como para todos aquellos que conozcamos.

## Atraer al mundo

Además de atraer personas hacia sí como un imán, el dragón también parece atraer todos los aspectos sagrados del mundo. En la cultura oriental, se dice que los dragones poseen un tipo de magia que los une a los elementos. Tanto si creemos en la magia como si no, podemos experimentar permitiéndonos descansar en los vacíos de nuestra vida y experimentar espacio. En el interior de ese espacio, podemos empezar a interactuar con el mundo que nos rodea y percibirlo como sagrado.

Si vives la vida con la misma confianza en tu sabiduría innata que el dragón, descubrirás que las cosas te funcionarán de manera natural. Parece muy contrario a la manera en que nos educaron. Durante mucho tiempo pensamos que si ocultábamos nuestro corazón y solo pensábamos en protegernos, entonces tendríamos éxito en la vida. No obstante, esa metodología solo nos ha reportado tristeza y frustración.

En lugar de ello, podemos estar siempre abiertos a las posibilidades que la vida nos ofrece. Cuando permanecemos abiertos a esas posibilidades, la vida nos da de manera natural lo que necesitamos. Cuando nuestro corazón está verdaderamente abierto, hasta el punto de que somos capaces de ver el sufrimiento del mundo que nos rodea, comprendemos todo lo que se nos ha enseñado. Podemos expresar nuestra cordura y compasión. Podemos actuar sobre esos aspectos algo embarazosos e incómodos de nuestra vida.

Si desarrollamos fe en el hecho de que somos básicamente buenos, entonces el siguiente paso es ver esa bondad en los demás. Desde ahí podemos darnos cuenta de que todo el mundo es básicamente sagrado. Todos los que nos rodean cuentan con esa misma bondad fundamental. Incluso cuando nuestros vecinos o colegas del trabajo se alejan de esa bondad de raíz y actúan a partir de la confusión, el mundo que nos rodea sigue siendo bueno y magnífico.

El dragón no solo confía en sí mismo y en su propia bondad, sino en la sacralidad del mundo que le rodea. Tiene fe en que el mundo le proporcionará lo que necesita a fin de desarrollarse espiritualmente. Cuando interviene en el mundo, puede ver que hasta las cosas más básicas son sagradas: una madre y una hija dirigiéndose juntas al colegio, con la madre caminando un poco inclinada para así poder ir de la mano de su hija. Observa a la araña tejer metódicamente su red en una esquina tranquila del restaurante. Percibe a esa pareja apoyándose el uno en el otro durante el largo viaje en tren de regreso a casa.

Si quieres ser feliz de verdad, puedes recorrer el camino del dragón. Puedes confiar en tu sabiduría innata y dejar que te guíe mediante métodos hábiles. Desde esa perspectiva, el dragón es capaz de relajarse con todo lo que se manifiesta en su camino. Es capaz de percibir magia incluso en las situaciones más ordinarias.

Podemos vivir como el dragón. Podemos tocar nuestro corazón abierto y expresar una sensación de deleite y humor en lugar de dejarnos hundir por las complicaciones de la vida. Podemos ser genuinos con todo aquel que conozcamos o hagamos lo que hagamos. No necesitamos ocultar quiénes somos. Cuando alcanzamos ese nivel de apertura, experimentamos nuestro mundo como algo sagrado.

## 22. Márcate un Milarepa

«Alguien que sabe que todo es mente
es capaz de utilizar todo lo que aparece como un recurso.»

Milarepa

Hay un antiguo chiste budista que dice que un día el Dalái Lama se acercó a un vendedor de perritos calientes y este le preguntó:

–¿Qué va a ser?

El Dalái Lama contestó:

–Hágame uno con todo.

Una versión de este chiste es que el Dalái Lama compra un perrito caliente y le da al hombre un billete de diez dólares. Al cabo de unos instantes, el Dalai Lama inquiere impaciente:

–¿Dónde está mi cambio?

–Colega, el cambio viene del interior –contesta el vendedor.

En este momento de tu camino quizá anheles un cambio, tanto interno como externo. Quizá quieras estar más sosegado, más concentrado y más presente en tu vida. Al mismo tiempo, el mundo que nos rodea es un caos y probablemente desees ayudar. Aunque tal vez hayas percibido algún cambio a nivel interior, la idea de efectuar un cambio a gran escala en el mundo puede parecer imposible en ocasiones si todo lo que haces es meditar y vivir tu vida de la mejor manera posible.

Mi página de inicio en Internet es CNN.com. Al abrirla hoy he visto historias sobre un gobierno extranjero derrocado, crueldad contra los animales en aumento, el asesinato de un niño y un titular que simplemente decía: «LA MUJER DESAPARECIDA Y APALEADA CHILLÓ». Cuando nos vemos frente a tanta desgracia, podemos sentirnos impotentes. En esas ocasiones, la pregunta se convierte en: «¿Qué puedo hacer por este mundo ahogado en el sufrimiento?».

Para mí, a la hora de vivir tu vida cuentas con dos opciones: puedes abandonarte a la incertidumbre que te rodea en el mundo, dejar que el sufrimiento impregne todas tus fibras hasta que te conviertas en un cenizo que no hace más que amargar a todo aquel que entra en contacto contigo. Esta opción se basa en dejar que la incertidumbre del mundo se infiltre en el núcleo de tu ser, de manera que al final de la jornada nos sintamos inseguros acerca de nuestra bondad, pero seguros de que los demás son básicamente malos.

La otra opción es tener convicción en tu bondad fundamental y en la de los demás. Puedes elegir no creer que todo el mundo sea básicamente malo.

Sin embargo, si elegimos esta segunda opción, habremos de ser prácticos. Hemos de darnos cuenta de que el mundo no empezará a mejorar en un momento dado. No se trata de que podamos elegir un nuevo presidente, inventar una nueva religión o sacarnos de la manga una nueva moneda, así de repente, y que ello provoque que desaparezcan todos los problemas del mundo. Para producir un cambio positivo en el mundo hace falta que personas como tú y como yo trabajemos para llegar a ser más afectuosos y cariñosos. Podríamos contar con líderes progresistas en todo el mundo, con una religión estupenda en la que todos creyesen y con alimentos, hogares y trabajos suficientes para todo el mundo, pero si la gente solo se ocupa de sí misma, seguiremos con problemas.

Cuando miramos de frente los males del mundo, podemos cerrarnos y endurecernos. Podemos criticar a otros y sacudir la cabeza al escuchar las noticias. Pero también podemos desarrollar una sensación de deleite en medio de tan increíbles obstáculos. Si el vendedor de perritos calientes está en lo cierto y el cambio viene de dentro, entonces debería estar basado en ese nivel de amable y humorística disposición que abre este capítulo.

El dragón sabe que el mundo fluye constantemente, así que cuando aparece un obstáculo puede reírse ante esa insensatez: «Tú, desempleo descontrolado, ¿*te* crees que puedes sofocar el espíritu humano?». Ríe. Sabe que los obstáculos solo son graves porque así los considera la mente. Tiene fe en que la gente es inherentemente sabia y se deleita en ese conocimiento, en lugar de desanimarse porque las personas están confusas y no les es posible expresar su sabiduría.

Si observas la tradición Kagyu del budismo tibetano, descubrirás un largo linaje de maestros de meditación. Ellos fueron igual que tú y yo. En cierto momento de sus vidas se vieron enredados en la confusión, y en ocasiones causaron daño a otros seres. Pero en algún momento del camino se toparon con estas enseñanzas Vajrayana y transformaron sus fechorías en combustible para desarrollar una vida de positividad y cambio. Aprendieron a observar la miseria que inundaba su mundo y la abordaron con deleite y humor.

Milarepa es uno de los que contribuyeron a aumentar el caos y la destrucción en el mundo, pero hoy en día se le considera uno de los santos más grandes del Tíbet. Nacido a principios del siglo XI, pasó gran parte de su vida ahogado en el sufrimiento que permeó su juventud, y acabó arruinando la vida de muchas personas antes de encontrar las enseñanzas budistas.

Los problemas de Milarepa empezaron cuando murió su padre siendo él muy joven. El tío y la tía de Milarepa eran personas codiciosas que no cumplieron los últimos deseos del padre y se apoderaron de toda la riqueza de la familia. Su madre decidió que para vengar a su familia Milarepa debía aprender magia negra. El muchacho se formó en las artes oscuras y atrajo una granizada, atacando a sus tíos durante una reunión familiar, matando a docenas de personas. Los aldeanos se enteraron de que Milarepa era el causante de tamaña desgracia y empezaron a buscarle. Él respondió con otra granizada, destruyendo sus cosechas y dejando a la aldea hambrienta e indigente.

Aunque se ocultó de los consternados aldeanos, Milarepa se enteró de primera mano de la destrucción causada. Recuperó el sentido y se arrepintió de sus maldades. Cuando oyó hablar del gran maestro budista Marpa, se sintió de nuevo sobrecogido, pero en esta ocasión de felicidad. Emprendió el camino en busca de su maestro de meditación para poder seguir un sendero que pudiera enseñarle cómo reparar los daños causados.

Marpa no se limitó a permitir que Milarepa olvidase los pecados de su pasado. Le negó las enseñanzas y le dijo que tendría que ganarse el derecho a recibir las enseñanzas a través de un agotador esfuerzo físico. Le pidió que construyese una enorme torre de piedra. Milarepa se esforzó durante meses, transportando rocas enormes a la espalda. Cuando hubo completado la labor, Marpa pretendió que la torre tenía defectos y mandó a Milarepa que la echase abajo. Luego le ordenó que la reconstruyese. Eso sucedió una y otra vez: Marpa le pedía que reconstruyese la torre de otra manera o en otro lugar. Varios años pasaron así y Milarepa lo pasó muy mal a causa de sus graves maldades.

Al final, Marpa reveló que este proceso había purificado a Milarepa de sus pecados pasados y que finalmente estaba preparado para seguir en serio un camino espiritual. Ya puedes imaginar lo dispuesto que estaba Milarepa a seguir esta práctica, tras haberse pasado tantos años anhelando meditar. Estudió con Marpa, y luego pasó varios años más meditando en soledad en cuevas. A causa de su sincero arrepentimiento, renunció a las distracciones y progresó en el camino espiritual con bastante rapidez.

La experiencia meditativa de Milarepa se parece algo a uno de esos coches de juguete accionados por fricción: cada vez que levantaba una rueda, era como hacer retroceder el coche, de manera que la espiral que accionaba las ruedas se comprime. Cuando Marpa le instruyó en meditación, fue como soltar el coche y observarlo salir disparado a toda velocidad.

Tras meditar en soledad durante algún tiempo, Milarepa alcanzó el verdadero despertar. Se sacudió la culpabilidad y la autoaversión que había acumulado y pudo manifestar su sabiduría innata. Regresó a la aldea que le viera nacer, el lugar donde le habían arrebatado su herencia y donde había provocado tantos desastres.

Sin anunciarse ni darse importancia, empezó a impartir consejos sencillos a quienes se topaban con él a las afueras de la población. En un momento dado se le acercó la tía que engañó a su familia, pidiéndole perdón y ella también recibió enseñanzas para poder convertirse en una persona mejor. Con el tiempo, los relatos acerca de sus importantes enseñanzas llevaron a muchos devotos seguidores a renunciar a su propia confusión y practicar meditación.

Milarepa vivió hasta los 84 años y durante su vida enseñó a muchos la sencilla verdad de cómo vivir sus vidas de manera sana y digna. Muchos de sus discípulos, tanto hombres como mujeres, alcanzaron estados de realización y ayudaron a otros seres.

Podemos oír la historia de Milarepa incluso hoy en día y ver que a pesar de causar grandes daños, se arrepintió y se convirtió en un abogado de las segundas oportunidades. Inspiró a muchos a renunciar a su propio dolor y duda y a practicar en beneficio de otros. A pesar de su terrible pasado, Milarepa suele representarse con una ligera sonrisa cruzándole el rostro. Fue testigo de muchos de los grandes males de la vida, pero comprendió que la manera en que reaccionó al sufrimiento estaba en su propia mente. Por ello pudo utilizar ese conocimiento para considerar los grandes males del mundo como un recurso para su propia práctica de meditación.

Puedes seguir las huellas de Milarepa. A pesar de los diversos errores que hayas podido cometer en tu vida o el dolor con el que actualmente cargues, puedes sonreír. Puedes renunciar a los aspectos de ti mismo que continúan hundiéndote o haciendo que te sientas desdichado. Aplicando la técnica básica de la práctica meditativa, puedes dirigir tu mente hacia la realidad de tu situación y considerar incluso los aspectos dolorosos como oportunidades para permanecer abierto.

Este nivel de apertura es el espacio en que se desenvuelve el dragón. Si quieres emular al dragón, necesitas ponerte en serio a aplicar tu práctica de meditación a tu mundo. El dragón se sumerge en la práctica de sintonizar con la belleza sencilla de los momentos cotidianos, aun cuando en su corazón albergue dolor.

Tú también puedes saborear el placer de la sacralidad del mundo aun sabiendo que el dolor existe en su interior. La gente sufre en todo el mundo, pero tú puedes disfrutar al ver jugar a los niños en el parque. Si puedes conectar con esas sencillas delicias, entonces podrás aplicarte a temas más importantes, como la pobreza y la guerra, menos hastiado.

En el mundo existe mucha confusión. No podemos ser ingenuos y creer que observar a un niño en el parque iniciará una revolución cultural. No obstante, si apreciamos la simplicidad y perfección del ahora, de este momento, estaremos haciendo uso de nuestra bondad fundamental. Desde ahí podemos compartir más nuestro corazón con aquellos con los que entramos en contacto. Incluso aunque solo sea con unas cuantas sonrisas tipo Milarepa, estaremos creando más apertura y espacio en el mundo. Otros habrá que se infecten con este nuevo "bicho" de bondad y lo compartan, hasta que las ramificaciones sean amplias y monumentales.

Últimamente, cada nuevo rapero que aparece y que se precie crea una canción con la que se puede bailar los últimos pasos de baile que se ha inventado. Quizá se trate de un baile de la década de los 1950s o de cualquier otro, pero lo cierto es que parece haber en ellos algo contagioso a lo que la gente responde de inmediato, y por eso los pasos se propagan como un incendio.

A veces, cuando salgo un sábado por la noche, aparece una canción de esas y todo el mundo parece animarse mucho. Gente que antes ni siquiera se miraba cuenta con una oportunidad de cinco minutos para dar los mismos pasos y sonreír a otros en la misma movida. Aunque no siempre me gusta el mensaje que acompaña a esas canciones, lo cierto es que de inmediato siento la sensación de alegría en el local cuando todo el mundo baila junto.

Ese movimiento vírico no está limitado a los raperos. Como practicantes de meditación, nosotros también podemos crear nuestro propio baile que encaje con las enseñanzas. Es el baile de habérnoslas con el mundo fenoménico. Así es como se baila esta nueva moda, el Milarepa:

*Piensa en dolor o confusión.* Puede tratarse del dolor que causaste o que experimentaste como resultado de la confusión de otra persona. No tiene que ser el peor momento de tu vida, sino que basta con reconocer cualquier sufrimiento que sientas ahora mismo.

*Haz algo amable por otras personas.* Puedes vivir tu propia miniversión de construir torres de piedra. Puedes simplemente recoger algo de basura que veas en la calle o dejar que alguien que parece tener mucha prisa pase delante de ti en la cola… Alguna actividad que te permita alejarte del pensamiento de tu propio dolor y confusión, concentrándote en el beneficio altruista.

*Descansa la mente.* Relájate por un instante y aprecia la belleza de este momento. Descansa en las sensaciones de perdón hacia ti y hacia otros que puedan surgir.

*Sonríe.* Se trata de la parte crítica del baile: permitir que tu bondad fundamental irradie desde tu interior y alcance a otros. Observa cuánto puedes mantener esa sonrisa. Deja que el mundo la vea.

Cuando estás perdido en tu propio mundo o sobrecogido ante el sufrimiento que te rodea, prueba con el Milarepa. Este sencillo conjunto de pasos te permite dejar de concentrarte en tu propio dolor y hacer algo en beneficio del mundo. Orientas tu mente para beneficiar a otros seres, y gracias a ello puedes entrar en contacto con tu propia bondad. Una vez que has vuelto a conectar con tu sabiduría, puedes irradiarla al exterior y beneficiar al mundo.

No creo que sea ingenuo creer que si la mayoría de los habitantes de un país practicasen el Milarepa con regularidad, en el mundo se notaría un verdadero cambio. Este mundo es un lugar fluido. Los aprietos internacionales pueden ser prolongados o difíciles de resolver, pero también están sujetos a la impermanencia, como tu último dispositivo electrónico o tu abuela.

Como el mundo es tan fluido, podemos relajarnos e intentar aprovechar al máximo nuestras vidas. Eso no es una invitación a pasarte los días bailando y bebiendo, sino a considerar todos y cada uno de los aspectos de lo que haces normalmente como parte de tu camino. Si tu camino es entrar en contacto con tu bondad innata y expresársela a otros, quizá puedes muy bien salir a bailar o a beber, pero estarás realizando esas actividades de manera que beneficien al mundo que te rodea.

Podemos estudiar mucho, tanto acerca de temas mundanos como de meditación, y acumular mucho conocimiento. Hay un axioma que dice: «El conocimiento es poder». No obstante, el verdadero poder radica en un tipo muy particular de conocimiento: cómo ayudar a los demás. La raíz del verdadero poder se basa en saber cómo mostrar compasión. La compasión puede conducirnos a la sabiduría de un corazón abierto.

Cuando practicas el Milarepa y expresas un humor y deleite genuinos en el mundo, resulta refrescante para ti e inspira a otros. Se trata de actividad compasiva. Puedes compartir tu sentido natural de la celebración con todos aquellos con los que entres en contacto, y ellos, a su vez, pueden sentirse por ello conectados con su propio corazón y compartir su luminiscencia genuina con otras personas. Si aprovechas todos los aspectos de tu vida, tanto los dolorosos como los placenteros, como recursos para ofrecer humor y deleite, estarás siguiendo la pista del dragón y teniendo una influencia verdadera en este mundo.

## 23. Une corazón y mente de forma auténtica y genuina

Hace poco vi un vídeo muy gracioso en YouTube. Se veía a un tejón de la miel corriendo por ahí haciendo cosas de tejones. Como suele ocurrir en los programas de naturaleza, el animal acechaba a una presa que dormía mientras él trepaba acercándose. Sobre las imágenes discurría una grabación de audio de alguien que comentaba acerca de las actividades del tejón.

El humor lo ponía Randall, el tipo que hablaba mientras el tejón vivía su rutina cotidiana. El comentarista no dejaba de sorprenderse acerca de lo atrevido y valiente que demostraba ser el animal: «Al tejón le importa todo un pepino –decía Randall– ¡No le preocupa nada!». Para él, el tejón era el epítome de la autoconfianza y el talento.

Aunque el tejón pueda no contar con el mismo nivel de inteligencia que el guerrero consumado, comparte la misma cualidad: ser quien es, sin avergonzarse de ello. Todos podemos aspirar a este nivel de dignidad despreocupada. El tejón se siente cómodo siendo quien es incluso cuando aparece llevando una rata colgando de la boca. De la misma manera, el guerrero consumado puede emprender cualquier actividad, ya sea trabajando en un empleo de administrativo que no sea nada del otro jueves o acudiendo a una primera cita, con este nivel de confianza en su propia naturaleza fundamental.

## Presencia auténtica

La clave para exhibir esta dignidad despreocupada es expresar tu bondad fundamental. Cuando estás aprovechando tu propio sentido de valía y potencial, estás manifestando lo que en el ambiente Shambhala se conoce como "presencia auténtica". Es la frase que solía utilizar Chögyam Trungpa Rimpoché para hacer referencia al término tibetano tradicional de *wangthang*, que puede traducirse literalmente como "campo de poder". Es la sensación de que cuando estás inmerso en una vida de virtud y bondad te manifiestas de manera natural como un ser virtuoso y bondadoso.

En la sociedad actual, si vives tu vida de manera auténtica, puedes llegar a destacar como algo insólito. Dado el enorme número de personas que solo se ocupan de sus propios intereses, la gente hablará de tu energía si haces justo lo contrario. Tal vez no te vean mantener la puerta abierta para que ese batallón de ancianas entren en la tienda, pero esa acción deja una ligera marca de confianza y bondad en tu ser. Esa marca de confianza en tu propia bondad es más intensa que cualquier colonia o perfume que puedas utilizar. Es *odeur de sagesse*, fragancia de sabiduría. Es inescrutable para la mirada normal, pero discernible para cualquiera que perciba el mundo con la mente abierta.

El término *wangthang* es interesante. Apunta a que cuando manifiestas tu propia bondad estás literalmente mostrando un campo de energía. Tal y como dijimos en el capítulo anterior, el verdadero poder procede de ser capaz de desplegarte más allá de tus propias limitaciones y preferencias, de estar disponible para ayudar al mundo a tu alrededor. Este campo de energía o poder se manifiesta cuando estás auténticamente sumergido en ese nivel de virtud. Se trata de un poder indestructible, del tipo de poder que nadie puede arrebatarte.

En cierto sentido, puedes manifestar esta genuina presencia con solo ser un buen chico o una buena chica. Es una maravilla. Puedes ayudar a los sin techo o adoptar animales callejeros. Esta esfera de actividad virtuosa forma parte del campo de acción del león de las nieves y cultiva *bodhichitta*, un corazón abierto. Experimentamos el deleite del león de las nieves cuando nos esforzamos por los demás.

Pero existe una diferencia fundamental entre el deleite del león de las nieves y el del dragón. Cuando seguimos el camino del dragón, nuestra actividad está libre de la noción dualista de ser un "mí" que está ayudando a "otro". La presencia auténtica y genuina que exhibe el dragón se debe a la comprensión de que tanto el sí-mismo como el mundo que nos rodea son increíblemente fluidos y no son tan estancados y fijos como creíamos antes.

La presencia genuina del dragón se fundamenta en el conocimiento de que no necesita esperar resultado alguno de sus buenas acciones. Ha abandonado el apego a la comodidad personal y la mente estancada, y ayuda al mundo de la manera que resulta necesaria. Y no lo hace porque quiera sentirse bien consigo mismo o porque espere avances espirituales, sino porque eso es lo que se requiere cuando percibe con claridad el mundo que le rodea. Su presencia es sólida y ofrece bondad. Al mismo tiempo está relajado y confía en que logrará aquello que se proponga.

Desarrollar una presencia auténtica y genuina se basa en experimentar *jñana*, la sabiduría que puede ver la realidad tal cual es. *Jñana* es una palabra sánscrita que indica una conciencia pura del mundo, incondicionado por conceptos. Es ver las cosas con claridad, tal como son. Cuando puedes fundamentar tu percepción en *jñana*, puedes unir de manera natural tu sabiduría y tu corazón abierto, o el intelecto y la intuición.

Cuando piensas en alguien que es genuino, verdaderamente auténtico, te das cuenta de que es generoso y desinteresado. Cuando hablas con ese tipo de personas notas que te escuchan de verdad, sin pensar en lo que contestarán o en cómo reaccionarían si estuvieran en tu lugar. Están dispuestos a compartir su corazón y su mente contigo, sin formarse una imagen acerca de lo que esperan que alguien como tú haría. Pueden unir su mente y corazón en uno, y estar totalmente presentes.

## Ejercicio para abrir el corazón y la mente

Como ejercicio podemos explorar nuestra relación con el corazón y la mente, y luego buscar la mejor manera de unirlos. Recomiendo iniciar este ejercicio con algo de meditación, de manera que puedas basarte en la solidez del dragón, estando presente con el sencillo acto de respirar.

Al cabo de cinco minutos de meditación *shamatha*, realiza una práctica abreviada de benevolencia, tal y como aparece descrita en las páginas 157-160 del capítulo del león de las nieves. Regresa a esas instrucciones si necesitas repasar esa práctica. Empieza deseándote felicidad antes de pasar a las imágenes y cualidades de alguien a quien quieras de verdad. Después de invocar esas imágenes pasa a un amigo o compañero. Después desea felicidad a alguien hacia quien sientas neutralidad, alguien que no te atraiga ni repela en particular. Después atrévete y desea felicidad a alguien que te resulte extremadamente difícil.

Tras conectar con esas personas, disuelve los límites entre los cinco, igual que hiciste en el pasado. Deséales auténtica felicidad. Concluye irradiando esa alegría, abandonando todos los conceptos acerca de cómo te sientes respecto de cualquier persona en particular y dejando que fluya el amor. Realiza esta práctica de benevolencia durante diez minutos.

Cuando hayas finalizado, no regreses de inmediato a *shamatha*. Alza la vista a la altura del horizonte. Mantén los ojos abiertos sin enfocar la mirada. Relaja la mente y deja de lado toda técnica meditativa. Continuarás respirando de manera natural, aunque no estés concentrado en esa sensación. Deja que la mente descanse.

Al cabo de unos pocos minutos de relajar la mente, regresa a la práctica de *shamatha*, volviendo a asentarte en ese nivel de estabilidad.

Una vez concluida la sesión de meditación, piensa en cómo fue la experiencia. ¿Fue como entrar en contacto con el corazón y exponerlo a la vulnerabilidad? Sé muy inquisitivo y explora cómo lo sentiste: ¿fue una experiencia cómoda? ¿Tuviste alguna reacción física?

Luego dirige tu naturaleza inquisitiva al rato en que relajaste la mente sin ninguna técnica de meditación. ¿Resultó abrumador relajarte tanto en tu práctica? ¿Te sentiste cómodo manteniendo la mirada a esa altura?

Durante este proceso evita cualquier sensación de prejuicio y no te aferres a ninguna sensación de logro. Solo percibe cómo reaccionaste al trabajar primero con el corazón y luego con la mente. Tras un examen pormenorizado de esa experiencia, intenta identificar cualquier punto en tu práctica en el que sintieras que tu mente informaba a tu experiencia al compartir el corazón, o si por el contrario sentiste que tu corazón guiaba a tu mente para que se relajase por completo.

## Sigue siendo auténtico en medio del caos

Cuanto más exploramos cómo abrir nuestro corazón y relajar la mente, más podemos manifestar una presencia auténtica y genuina a lo largo del día. Aunque resulte que no contamos con mucho tiempo para practicar, podemos aprovechar pequeños momentos a lo largo del día para conectar con una mente relajada.

Cuando estés esperando a alguien en un restaurante o sentado pacientemente esperando un tren o el metro, no te distraigas jugando con el móvil o leyendo un libro. Basta con que levantes la vista y descanses la mente. Si resulta que te distraes con facilidad, puedes dirigir la atención a la respiración, permitiendo que esta te ancle al presente. No obstante, aprovecha todos los momentos que tengas para conectar con tu mente relajada y tu corazón abierto. En cierto momento, ese nivel de sincronicidad mente-corazón pasa a formar parte de lo que somos.

Si puedes cultivar una presencia auténtica y genuina, puedes resplandecer incluso frente a los obstáculos. Mi amigo Jeff, por ejemplo, es meditador y mago desde hace mucho tiempo. Aunque es un artista de talento, todavía no se ha forrado. A veces, ha trabajado en bares a rebosar, en espectáculos de variedades y de estriptís, así como en otros lugares donde el alcohol y el sexo son moneda corriente.

En una ocasión, Jeff me contó sus experiencias cuando trabajó en un club del centro de Nueva York. Era un bar con dos mundos. Uno era un gracioso teatrillo con actuaciones, donde las copas eran caras y los clientes iban bien vestidos y eran bien parecidos. El otro mundo existía tras el telón, donde los artistas y las artistas solían dedicarse a las drogas duras entre actuaciones o a acostarse con la dirección para abrirse camino.

Jeff me contó que le resultaba difícil trabajar en un entorno así. En general, a sus compañeros artistas no les resultaba fácil mantenerse sanos y cuerdos. Trabajó poco tiempo en ese club, pero en la temporada que pasó allí, estuvo tan contento como de costumbre, e hizo muchas amistades.

Me he fijado en ese aspecto de Jeff: vaya donde vaya conecta fácilmente con la gente. No intenta hacer contactos ni abrirse camino chismorreando, sino que está genuinamente interesado en conocer gente. Se siente cómodo siendo quien es, y a la gente parece atraerle esa faceta suya. Además, como practicante de meditación, ha comprobado que esa actividad virtuosa proporciona deleite, tanto a él como a otros, y continúa intentando ser de ayuda allí donde esté. El resultado es que Jeff irradia una presencia auténtica.

Jeff es capaz de trabajar en entornos tan intensos y duros porque puede expresar su propia bondad, incluso frente a la tristeza y la destrucción. Eso no quiere decir que a veces no pueda sentirse triste, o que no cometa errores ocasionales. Sin embargo, puede regresar a la fe en su propia bondad, y ha podido manifestar ese ejemplo de luz en medio de oscuridades increíbles.

Jeff no es ningún maestro iluminado, pero puede conectar con ese aspecto del camino del dragón: su presencia auténtica. De igual manera, nosotros tampoco tenemos por qué alcanzar ningún elevado plano de despertar espiritual para entrar en contacto con nuestra propia sabiduría y compartirla con los demás. Podemos ser genuinos ahora. Podemos ser auténticos ahora.

A menudo, cuando las personas oyen enseñanzas acerca de ser genuino, asienten y consideran que en teoría suena muy bien. Pero luego se preguntan a sí mismas: vale, eres genuino, ¿y luego qué? En otras palabras, ¿qué implica en términos prácticos ser genuino en el alocado y confuso mundo de hoy en día?

Para ser francos, deberías experimentar con esa idea y descubrirlo por ti mismo. Podría decirte que ser auténtico implica una profunda diferencia, pero sería mejor que aplicases esas enseñanzas y comprobases si notas alguna diferencia en ti. Ser genuino en este sentido no se refiere a decir las cosas tal y como las ves, ni a no decir mentiras. Se trata de utilizar el corazón como brújula moral y regresar constantemente a ese corazón, permitiendo que sea el que oriente tu actividad.

Cuando te armonices claramente con lo que sucede en el mundo, percibiéndolo a través de la lente de *jñana*, sabrás cómo actuar. Te has formado a lo largo de la mayor parte de tu vida cultivando el intelecto, y ahora has iniciado unas prácticas para abrir más el corazón. No necesitas nada más para ser un ser humano genuino. Esas herramientas ya son todo lo que necesitas para hacer el bien en el mundo.

Si vives una vida orientada por la sabiduría y la compasión, sabrás de manera natural cómo abordar incluso las situaciones más difíciles de la vida. En el budismo eso se llama *upaya*. Traducido del sánscrito, podría querer decir "pericia en el método o medios hábiles". Implica que si estás centrado en tu propia autenticidad, tu mente y tu corazón te guiarán hacia una actividad beneficiosa para todos de manera natural.

La ventaja estriba en que estés donde estés en tu camino, puedes conectar tu mente y tu corazón y ser genuinamente quien eres, igual que el tejón de la miel. Además, puedes sentirte confiado al expresarte, por duras y difíciles que sean las situaciones que te ponga la vida por delante. Si eres verdaderamente genuino, como el dragón, entonces puedes compartir esa magia con los demás. Una presencia auténtica es algo bastante excepcional en nuestro mundo, y por ello es más valiosa que la más preciada de las joyas. Eso es lo que necesita la sociedad, porque un amigo genuino es un amigo de verdad.

# 24. Convierte lo ordinario en mágico

«Si la buscas, en cada momento existe una posibilidad, una proba-
bilidad de felicidad. Y es responsabilidad de cada persona descubrir
esos momentos y apreciarlos.»

MAY PARKER (la tía del *Amazing Spider-Man*)

Cuando era pequeño leía muchos tebeos. En bastantes de ellos
le sucedía algo asombroso a un tipo corriente, como tú y como
yo, y de repente, como por arte de magia, era bendecido con
unas inimaginables y asombrosas capacidades. En ocasiones se
trataba de superfuerza o supervelocidad, o bien de la capacidad
de lanzar rayos láser con la mirada. A veces esos tipos acepta-
ban sus poderes, pero otras deseaban no haberlos recibido nunca. A pesar de que el personaje pudiera sentir dichos poderes
como una maldición, lo cierto es que yo siempre los envidiaba.

Con los años, yo también pasé por épocas en las que sentí
que poseía mi propio juego de superpoderes. Tras convertirme
en practicante de meditación y aprender acerca de la bondad
fundamental, no es que pudiera trepar por las paredes ni echar-

las abajo de un puñetazo, pero empecé a experimentar mi propia sabiduría de otra forma, una forma que me daba la impresión de ser un superpoder. Entré en un proceso de descubrimiento y experimentación con dicha sabiduría, de forma similar a los héroes disfrazados que antaño admiraba cuando descubrían sus nuevos poderes. Me di cuenta de que mi sabiduría innata no era sobrenatural, pero cuando empecé a relajar mi experiencia de esa sabiduría, sentir el poder de los momentos cotidianos sí que se tornó sobrenatural.

En términos de "capacidades", descubrí que me estaba armonizando con mi mundo de manera hipervigilante, siendo más abierto y cariñoso con las personas y estando más dispuesto a ver la magia y la belleza del mundo. Una diferencia fundamental entre yo y los héroes de mi juventud fue que a mí no me sucedió nada externo. Mi sabiduría innata estuvo siempre ahí, pero era un aspecto mágico de mí mismo al que nunca había prestado demasiada atención. Siempre conté con el potencial de experimentar mi sabiduría, pero no había orientado la mente hacia la posibilidad de cultivar esa oportunidad. Una vez que lo hube hecho, me sentí más potente y radiante: era el Hombre de la Bondad Fundamental.

Todos podemos ser el Hombre o la Mujer de la Bondad Fundamental. Todos contamos con el potencial de liberar el corazón y la mente, y de acceder a esos aspectos puros de nosotros mismos. Todo el mundo tiene la capacidad de poder ir más despacio, conectar con su corazón y saber aceptar más y mejor las cosas que la vida le depara. No es necesario que te muerda una araña radiactiva o ser expuesto a radiación gamma para conseguirlo. Basta con ser quien ya eres; así podrás ser una persona totalmente auténtica.

La experiencia de tu sabiduría innata no es solo un estado psicológico en el que puedes vivir de manera genuina. Se trata de una experiencia de bondad en ti mismo y en el mundo que te rodea. Al dragón se lo considera una criatura mágica en parte por esa razón. Cuenta con una capacidad única para ver la bondad del mundo y danzar con la magia de su entorno de manera regular. Conoce las verdades expuestas por el garuda: que la vida es muy preciada y corta y que hay que aprovecharla al máximo. El dragón utiliza este conocimiento como combustible para buscar la magia a su alrededor. El resultado es que goza de una experiencia íntima y pura del mundo.

Nosotros también podemos experimentar nuestra vida de este modo. Piensa en una ocasión en que fuiste a algún sitio verdaderamente maravilloso. Quizá fue una playa de arenas blancas, donde tuviste la oportunidad de disfrutar de la visión de un mar azul; o bien fue una cascada en el bosque, en un lugar desconocido que acababas de descubrir. Y de manera más concreta, intenta pensar en un momento en que te relajaste y apreciaste la experiencia de esa fuerza dinámica de la naturaleza. ¿Cómo te sentiste el hallarte en ese espacio?

Siempre he pensado que en lugares de ese tipo hay algo mágico. Son sitios primigenios, no alcanzados por nuestra basura, tanto conceptual como literal. Experimentar un lugar así tiene algo que hace que la mente se detenga. Te ves superado por tus percepciones y la experiencia te permite estar verdaderamente abierto y ser auténtico.

El dragón, como es tan sólido y a la vez relajado, puede percibir la belleza en cualquier situación, no solo en esos hechizadores entornos. Seguir el camino del dragón no trata únicamente de exhibir una presencia auténtica. Es llegar a establecer contacto con nuestra naturaleza indestructible, con nuestra propia y hermosa sabiduría y luego verla reflejada en el mundo que nos rodea.

El dragón vive su vida experimentando todo el mundo como un lugar sagrado. Percibe el mundo a través de una perspectiva sacra. Incluso las percepciones sensoriales pasan a ser consideradas extraordinarias y mágicas. Tal y como escribió Chögyam Trungpa Rimpoché: «En la tradición Shambhala, que es una tradición laica en lugar de religiosa, las percepciones sensitivas se consideran sagradas. Se consideran como algo básicamente bueno [...]. Son una fuente de sabiduría». Podemos utilizar nuestras percepciones sensitivas para experimentar el mundo de una manera completa y profunda, como hace el dragón. Podemos percibir la sabiduría en el mundo a nuestro alrededor.

Cuando estás totalmente presente en tu vida, sueles empezar a ver esas cosas pequeñas que por lo general te pasaban desapercibidas. Cuando experimentamos el mundo tal cual es con el corazón abierto y una mente sabia, es absolutamente espléndido.

Yo me crié en una zona rural, y tras una gran nevada, el entorno parecía puro y brillante, mirases donde mirases. Era como si el mundo hubiera sido blanqueado de pureza y de un blanco prístino. Ahora vivo en la ciudad de Nueva York. Antes de trasladarme, ya de adulto, un amigo describió en una ocasión Nueva York en invierno como un cenicero mojado. Tras llevar aquí varios años, me parece que es una descripción bastante adecuada. Poco después de nevar se despejan las aceras y la nieve se amontona junto a las ajetreadas calles. Luego la nieve se ensucia todavía más a causa de los tubos de escape y el polvo. Resulta difícil considerar el mundo como algo sagrado en ese entorno sucio y mojado.

No obstante, aunque te abras paso por las calles nevadas, con los calcetines empapados y estés llegando tarde al trabajo, es posible descubrir una gran belleza si estás abierto a esa posibilidad. Puedes detenerte aunque sea un segundo, inspirar y dejar que tus percepciones sensoriales se abran a cualquier presencia mágica. Puede tratarse de una melodía de moda que suena en un taxi, o de la imagen de un perro esperando que le mires en una ventana junto a la que pasas. Cuando observas el mundo de esta forma abierta, este nunca te decepcionará: siempre habrá una oportunidad de experimentar el esplendor. Esta magia es muy común y nos rodea constantemente.

La próxima vez que te dirijas a algún lugar, sea al trabajo o a encontrarte con un amigo, tómate un instante y detente. Olvida que estás corriendo para llegar a donde sea y limítate a estar presente. En lugar de dirigir la atención a la respiración, tal como haces en el cojín de meditación, dirígela al entorno que te rodea. Contempla la pregunta: «¿Dónde está la magia, la belleza, de este sitio?». Luego relaja los sentidos y observa hacia dónde se siente atraída tu mirada.

Muy a menudo, tu mirada no se ve obligada a mirar tus pies, como suele ocurrir cuando llevas prisa por llegar a algún sitio. Lo más probable es que la mirada se eleve. Quizá veas un pájaro encaramado en una rama o aprecies elementos arquitectónicos en los que nunca antes te habías fijado. Tómate un instante para sentirte agradecido por el entorno, igual que hiciste en el pasado, cuando te hallabas en un entorno más retirado o natural.

Te animo a realizar este ejercicio una vez al día durante una semana; comprobarás cómo cambia tu percepción del mundo. Rara vez nos tomamos el tiempo suficiente para participar en nuestro mundo de esa manera primaria y pura. Se trata de un ejercicio que te saca, literalmente, de tu rutina habitual, para cultivar un enfoque fresco sobre cómo experimentas la vida. Es entrar en el mundo cotidiano con una mirada fresca. Es utilizar el aspecto del dragón que es la mirada clara. Es convertir lo ordinario en mágico.

Corren muchas historias acerca de cómo Chögyam Trungpa Rimpoché cultivó nuevas representaciones de esta magia ordinaria. Una de mis favoritas incluye la producción de una medalla donde aparecían imágenes de las cuatro dignidades de Shambhala.

Cuando Trungpa Rimpoché viajaba, la gente solía hacerle ofrendas en reconocimiento por sus enseñanzas. Algunas de las ofrendas eran pequeñas piezas de oro, como pendientes sueltos o viejos anillos que la gente ya no utilizaba. Muchos de nosotros tenemos ese tipo de joyería variada, y sabemos que no es muy llamativa. Puede tratarse de un anillo algo rayado o de un pendiente suelto que acumula polvo en un cajón.

Trungpa Rimpoché adoraba esas piezas, y un día decidió reunir toda esa variedad de piezas de oro que le habían dado y fundirlo, para a continuación darle la forma de lo que se denominó Medalla de las Cuatro Dignidades. En ella aparecían el tigre, el león de las nieves, el garuda y el dragón, con gran belleza. Aceptó las reliquias descartadas y no queridas de la gente y las transmutó en algo increíblemente atrayente para la vista. Quienes experimentaron la medalla dijeron que se les detenía la mente nada más echarle la vista encima.

De la misma manera, también nosotros podemos tomar los elementos más ásperos de nuestra vida y modelarlos para convertirlos en algo brillante, mágico y asombrosamente bello. No se trata de «No hay mal que por bien no venga». Ya somos el bien, somos básicamente buenos. Se trata de mostrar que somos básicamente bondad. Se trata de manifestar sacralidad. Se trata de que nuestra sacralidad guíe nuestras acciones de manera que sean beneficiosas para el mundo en que vivimos. Se trata de ver que la bondad ya está presente en nuestro mundo, aunque el resto del mundo no lo vea así.

Si vives tu vida con la misma confianza en tu sabiduría innata que tiene el dragón en la suya, experimentarás los elementos sacros de tu existencia como él hace. Si observas el mundo como si fuese un repulsivo montón de cieno, polvo e inmundicia, entonces experimentarás tu vida como una lucha. Así lo hace la mayoría de la gente, y tal vez también tú en el pasado. Sin embargo, si, en lugar de seguir así, consideras el mundo como una esfera sacra de posibilidades, vivirás una vida aprovechando las oportunidades de práctica y alegría.

Tal y como ya dijimos al principio de este libro, nuestra intención es importante. Si pretendemos vivir una vida basada en confiar en nuestra bondad fundamental, entonces hemos de ver esa bondad fundamental en todos los que nos rodean. Esa ha de ser la perspectiva nuclear que llevemos con nosotros: todo el mundo es fundamentalmente bueno. A partir de ese punto de vista, podemos llegar a comprender que el mundo que nos rodea es ordinario pero mágico. Si mantenemos la perspectiva de la bondad fundamental como centro de nuestro mandala personal, entonces viviremos una vida rica y plena. Sí, claro está, el dolor y la duda pueden asomar a veces, pero nuestro corazón abierto sabrá ubicarlos. En ese espacio tan profundo, esas emociones intensas son incompetentes y acaban disolviéndose.

Las personas que nos rodean se ven afectadas por esa bondad tan adaptable que desplegamos. No obstante, cuando exhibimos una presencia auténtica no solo atraemos buenas compañías; también atraemos todas las facetas sagradas de nuestro mundo.

Con confianza en nuestra bondad como núcleo de todo lo que hacemos, el mundo nos revela de manera natural sus aspectos mágicos.

El mundo no necesita ser alterado o modificado para ser sagrado. Ya lo es. Del mismo modo, todos los que nos rodean cuentan con la misma bondad fundamental y también son sagrados. Puede que a veces actúen confusamente, pero son intrínsecamente buenos. Tampoco hemos de cambiar nada en ellos.

Pero, no obstante, hay algo que podemos y deberíamos cambiar. Lo que puedes cambiar es tu punto de vista. Si quieres vivir una vida buena y que beneficie a los demás, has de mantener la confianza en tu propia bondad. Has de convertir esa creencia en el núcleo central que guíe tu vida. A partir de ahí puedes aprender a ver la sacralidad en otros, y la magia en el mundo que te rodea. Puedes empezar a aprovechar los hermosos aspectos de tu cotidianidad de forma muy potente.

No es necesario que hagas nada para experimentar tu mundo de ese modo, aparte de permitirte el experimentar tu propia sabiduría.

Es un cambio de perspectiva simple; cambias de la duda y la incertidumbre en tu propia sabiduría a permitirte manifestarte brillantemente. Te apartas de considerar el mundo como un problema y te permites observar su magia ordinaria. En otras palabras, has de ser quien ya eres, y al igual que el dragón, vivirás en un mundo sagrado.

## 25. Relájate en tu vida

«El problema no es disfrutar; el problema es apegarse.»

TILOPA

Como parte del camino Vajrayana, aprendemos a aceptar todo lo que surge en nuestro camino y a utilizarlo como combustible en nuestro viaje espiritual. A estas alturas no estamos teorizando acerca de cómo aplicar las enseñanzas a nuestra vida; vemos la necesidad de favorecerlas y hacerlo así. Mientras podamos seguir confiados pero relajados a la vez, podremos disfrutar de los elementos básicos de nuestro mundo, considerándolos sagrados.

Tal y como hemos dicho en capítulos anteriores, lo que nos causa problemas no es nuestra familia, trabajo o vida sexual. Lo que nos causa problemas son las capas de conceptos y apegos que colocamos sobre todas esas cosas. Estamos atascados en pensamientos acerca de cómo tendrían que ser las cosas. Nuestra mirada cae directamente sobre nuestros propios pies.

Debemos elevar la mirada y dirigir la atención hacia el mundo que nos rodea. Todo lo que observemos, escuchemos, olfateemos, probemos y toquemos puede considerarse sagrado. Nada de lo que surja en nuestro camino es problemático, siempre y cuando aflojemos nuestro apego a cómo deberían ser las cosas y pasemos a considerar nuestra vida como una oportunidad de practicar el ser genuinos. Teniendo esto en cuenta, exploremos la manera en que las cualidades del dragón pueden ayudarnos en nuestro trabajo, hogar, dinero, salidas, errores y liderazgo compasivo.

## Trabajo

El guerrero que encarna las cualidades del dragón es capaz de ser fuerte y estar relajado a la vez. Cuando trabajas con otros puedes ejemplificar la solidez de la tierra, así como la visión amplia de la mente espaciosa. A nivel práctico, eso puede implicar poner en práctica un enfoque en tres pasos cuando se participa en un proyecto grupal.

Primero, puedes distanciarte un poco de la situación. No te precipites a la hora de sacar conclusiones sobre cómo habría que realizar las tareas. Al principio observa y escucha, de manera auténticamente genuina y paciente. Siempre resulta de ayuda tomar cierta distancia y comprobar qué es lo que puede requerir un proyecto dado. Además, empezarás a percibir cómo trabajan otros en grupo en ese proyecto, y aprenderás mucho sobre cómo consideran que deberían ser las cosas.

A partir de aquí puedes pasar a la siguiente fase, que es adoptar un punto de vista informado. Al haber visto con claridad la situación y escuchado de verdad lo que otros tenían que decir al respecto, puedes sugerir lo que tú consideras que sería la mejor manera de proceder. Lo ideal sería incluir muy poco de "ti" en tu sugerencia y, al ofrecer espacio para que surgiese una solución, tu plan estaría en realidad basado en una comprensión completa de la situación.

El tercer paso es relajarse. En este proceso ya has permitido que se creara el espacio suficiente para poder manifestar tu bondad fundamental. También has demostrado que eres de fiar porque has considerado de manera genuina los puntos de vista de los demás. Cuando surgen las críticas y aparecen planes alternativos, tu ego no está directamente vinculado a tu plan. Y por ello puedes relajarte y fluir.

Además, puedes demostrar cierto sentido del humor y aportar diversión a lo que pueda ser una situación caótica. Este nivel de relajación suele ser una bocanada de aire puro en las dinámicas de grupo. Tu capacidad para adoptar una postura sobre un tema, pero también de permanecer abierto a los puntos de vista ajenos, se experimentará como un cambio agradecido con respecto a las normas sociales. Incluso aunque creas que solo estás intentando solucionar un problema en la escuela o el trabajo, en realidad estarás cambiando el entorno a tu alrededor, gracias a tu presencia auténtica y a tu capacidad de escuchar.

## Casa

El dragón es capaz de ir a cualquier parte y experimentar la magia de la tierra. Sin embargo, su hogar es una zona nuclear donde la magia puede florecer. Tu objetivo es establecer armonía en tu casa al conceder mucha atención a los detalles, a cómo dispones el espacio, cuán a menudo lo limpias, dónde cuelgas ciertas cosas, etc.

Cuando aplicas la precisión del tigre a tu casa, estás invocando una situación en la que puede florecer la atención plena y la conciencia. Sin embargo, el dragón no crea un entorno así porque quiera disponer de un nido acogedor en el que ocultarse. Está comprometido con el bienestar de los demás. Eso significa que utiliza su casa como una oportunidad de crear una situación consciente para sí mismo y también para otros. Cuando recibe las visitas de la familia y los amigos, éstos se sienten alegres e inspirados al pasar un rato ahí.

También podemos utilizar esta motivación para usar nuestra casa como una zona que anima una actitud mental despierta. Podemos imaginar nuestra casa como un entorno acogedor y una oportunidad para hacer que nuestro mundo esté más disponible para cualquiera que entre en él.

Tal y como dijo Chögyam Trungpa Rimpoché: «Cuando expresas amabilidad y precisión en tu entorno, puede descender en esa situación una auténtica luminosidad y energía». Puedes seguir el camino del dragón y crear un hogar que sea expresión de luminosidad y energía. Esas cualidades no se basan en una atmósfera egocéntrica, sino creada desde el punto de vista de la bondad fundamental.

Una persona auténtica puede crear un entorno auténtico. Un entorno así es inspirador. Manifiesta dignidad y es una ayuda para los estados de ánimo de otras personas. Y ello no solo es aplicable a nuestro hogar, sino a nuestro habitáculo en la oficina, al coche, y a otros espacios que frecuentamos.

## Dinero

El dragón es atrevido y a la vez desprendido en su relación con el dinero y la riqueza. Tiene la convicción de que el dinero, como todos los fenómenos, no es tan sólido como uno pudiera imaginar. Por ello, puede aportar una sensación de deleite a su relación con el dinero. Se relaciona con sus transacciones financieras de manera deliberada y directa. No le asusta la manera en que el dinero afectará el mundo que le rodea, porque ha dispuesto de tiempo para contemplar la mejor manera de utilizarlo.

También tú puedes ser valiente y aportar una sensación de alegría a tu situación económica. Al igual que el dragón, puedes analizar de manera pormenorizada cómo te gustaría utilizar el dinero como arma de un guerrero, y utilizarla de manera que sea beneficiosa para ti y para otros. No tienes que sentirte demasiado agobiado ni tenso con cada transacción que realices, sino que lo interesante es permanecer relajado y confiar en que tus hábitos a la hora de consumir estén directamente relacionados con acciones diestras, al menos mientras mantengas el contacto con tu bondad fundamental.

Si conservas la confianza en tu sabiduría fundamental, puedes permitir que te oriente sobre cómo ganar y gastar dinero de forma que resulte beneficiosa. Puedes dejar que se unan tu corazón y tu mente para expresarte a ti mismo a través de tu relación con el dinero. Puedes presenciar todas tus transacciones financieras como si fuesen mágicas, porque estarán sintonizadas con tu propia bondad.

Estás ocupándote de este aspecto de tu vida, tan a menudo teñido de confusión y dolor, para hacer gala de una confianza genuina a la hora de relacionarte con él. Eso es algo muy valiente y deberías sentirte orgulloso por ello. Eso inspirará a otros a considerar también cómo relacionarse mejor con su dinero.

Cuando encarnas así al dragón, la gente se siente atraída hacia ti. E inexplicablemente, como has creado virtud en este aspecto de tu vida, puedes descubrir que también atraes riquezas. Aparecen nuevas oportunidades y te muestras lo suficientemente abierto y sabio como para aprovecharlas. Relacionarte con el dinero de manera directa y sosegada te permite resultar beneficioso para los demás y empaparte de la verdadera riqueza inherente a todos nosotros: nuestra bondad fundamental.

## Salir por ahí de marcha

El dragón mantiene una mente despierta incluso cuando sale por ahí de marcha. Necesita mantener su conciencia a fin de observar con claridad las situaciones tal como son y actuar en consecuencia. Es un elemento clave en su vida.

En cuanto a nosotros, debemos experimentar cómo funciona nuestra mente ¿Puedes mantener una atención plena al bailar en un club? ¿Tras beber una cerveza? ¿Fumar un cigarrillo? El dragón no endosa conceptos tipo "bueno" o "malo" a esas actividades. Lo que hace es convertirlas en parte de su práctica. Considera la manera en que afectan su bienestar, responde adecuadamente y solo participa en ellas cuando siente que afectan a su motivación nuclear: ser beneficioso para los demás.

Puedes considerar tu noche del sábado como un terreno de práctica. No es momento de emborracharte y perder el sentido. Es precisamente el momento de continuar manifestándote como practicante de la atención plena y la compasión. Ese es el concepto de *tantra* o continuidad. Si puedes mantener constantemente esa intención, incluso cuando sales con un grupo de amigos, entonces habrás empezado con buen pie.

Una pequeña parte de la práctica del camino Vajrayana es observar sustancias que convencionalmente se consideran perjudiciales para la atención, y apreciarlas como oportunidades poco convencionales de practicar. Las bebidas alcohólicas pueden considerarse como *amrita*, una palabra sánscrita que hace referencia a la ambrosía. En la tradición católica, el vino puede ser simplemente vino, y cuando se bendice, pasa a convertirse en la sangre de Cristo. De manera similar, *amrita* es una mezcla que incluye agua o alcohol, que se bebe con la intención de poder transmutar aspectos aparentemente negativos de tu mundo, que pasarían a formar parte de tu camino.

En este sentido, Chögyam Trungpa Rimpoché solía dirigir a sus estudiantes en ejercicios de "beber conscientemente". Hacía que los estudiantes observasen sus mentes mientras bebían juntos. Los estudiantes tomaban un trago de alcohol, luego hacían una pausa y observaban cómo les afectaba. Luego volvían a dar otro trago. A veces, esos estudiantes se involucraban tanto en la práctica que llegaba un momento en que soltaban su ego y desenmarañaban la sensación dualista del "mí" frente "al mundo". Otros vomitaban.

Un estudiante de Chögyam Trungpa Rimpoché dijo que se les animaba a beber lo suficiente para relajarse, poder apreciar la situación y ayudar a dormir a su ego. La idea era observar de qué manera les afectaba el alcohol y comprobar hasta qué punto podía relajar sus mentes. Se les instruía a que dejasen de beber en cuanto sintiesen esa relajación interior.

Yo no recomendaría a nadie que se emborrachase y luego diría que es un experimento de meditación. Pero si te tomas en serio la aplicación de las enseñanzas budistas en todos los aspectos de tu vida y de vez en cuando te bebes una cerveza, ambas cosas no tienen por qué ser antitéticas. Puedes aplicar tu atención plena a esa sencilla experiencia. Puedes ser inquisitivo acerca de la manera en que te afecta la mente el beberte una cerveza.

Lo que trato de decir es que cuando salgas el sábado por la noche y te tomes una copa, mantengas relaciones sexuales, o lo que sea, que lo hagas con una intención en la que creas. Si tu motivación central es despertar al mundo que te rodea y actuar con tanta maestría como haría el dragón, entonces mantente firme, independientemente de lo que hagas si sales por ahí.

## Errores

Hay al menos una cosa que compartes con todos los grandes meditadores que te han precedido, hasta llegar al Buda: cometes errores. El Buda pasó por un período en el que se privó de alimento y se atormentó en nombre de la espiritualidad, y Milarepa mató a un montón de personas. A la luz de los líos monumentales creados por esos grandes maestros, hacer el capullo durante una ruptura dolorosa o explotar de rabia con tu compañero de piso no parece tan terrible.

El dragón reconoce que en el mundo no todo funciona bien, pero aun así es capaz de ver la magia a su alrededor. Podemos seguir su ejemplo y no ser tan duros con nosotros mismos cuando cometemos errores y cuando no somos practicantes perfectos. Podemos aprender, igual que los maestros de meditación del pasado. Podemos marcarnos un Milarepa. Cuando montamos un lío, podemos reconocerlo, tomárnoslo con calma y reconectar con el mundo tal cual es: mágico y sagrado.

El primer paso es perdonarse a uno mismo. Sabiendo que todo el mundo comete errores, puedes alegrarte del hecho de que no eres el único. Puedes explorar las sensaciones que rodearon tus indiscreciones pasadas, así como las circunstancias que te llevaron a cometerlas, y aprender de ese proceso. Luego puedes decidir no recorrer la misma senda otra vez.

De haber gente a la que perjudicaste de algún modo, puedes tratar de arreglar las cosas, ya sea hablando directamente con los interesados o beneficiando a otros que hacen frente a situaciones similares. A partir de ahí, lo único que se puede hacer es dejar que el error pasado se disuelva y seguir con la vida.

Podemos pasarnos la vida entera dando vueltas a todas las ocasiones en que fuimos unos estúpidos. Pero vamos, me parece una pérdida de tiempo. En lugar de ello, necesitamos ser honestos, como el dragón, reconocer lo sucedido y continuar haciendo lo que toca en este momento. El ahora no es un error. El ahora es mágico. Date la oportunidad de experimentar esa magia perdonándote el pasado y conectando con lo que sucede en este momento presente.

## Liderazgo compasivo

El dragón es un líder natural. Como es genuino, la gente confía en su capacidad de liderazgo. Las personas se sienten atraídas porque destila deleite, sabiduría y confianza.

Lo gracioso es el que el dragón no contaba con ser un líder. Solo quería ser alguien sensato, ordinario y agradable. De forma parecida, tú podrías haber empezado a recorrer tu camino de meditación con el objeto de espabilarte. Querías ser una persona más tranquila, estar más presente en tu vida. Al estudiar las cualidades del tigre, aprendiste cómo afianzarte en la realidad de este preciso momento. Podemos aprender mucho de lo que sucede ahora mismo. Podemos ser delicados, precisos y perspicaces frente a todo lo que se manifieste ante nosotros.

Tras pasar cierto tiempo cultivando esas cualidades, tu corazón ansía más. Observas que el sufrimiento que reconoces en tu propia vida se ha reflejado en las vidas de otros. Y por ello experimentas, naturalmente, una sensación de ternura hacia ellos, y te abres a tu *bodhichitta*. Ese es el camino del león de las nieves: conectar con los demás como parte de tu camino espiritual. Observas el sufrimiento de tus compañeros de trabajo, familiares y desconocidos con los que te cruzas en el metro, y quieres ayudarlos. Empiezas a manifestarles compasión, y aplicas las seis *paramitas* como herramientas que te ayudan a ayudar.

En un momento dado comprendes que tu capacidad de compasión va mucho más allá de tus propias preferencias y conceptos acerca de quién te gusta y cómo deberían ser las cosas. Ves las sencillas verdades de la realidad: que las cosas son impermanentes y están sometidas a cambios y a la muerte. En lugar de abandonarte al miedo que acompaña este descubrimiento, abordas esas sensaciones de insustancialidad de manera directa. Empiezas a ver que las limitaciones y conceptos establecidos que has creado para el mundo que te rodea no son tan sólidos como creíste. Permites que las barreras que rodean tu corazón se desmoronen y lo ofreces sin discriminar. Luego empiezas a experimentar ecuanimidad.

Ahora puedes descansar en ese espacio de ecuanimidad. Has cultivado el contento en tu vida cotidiana, la alegría al ayudar a los demás y una comprensión acerca de la naturaleza de la realidad. Aplicas las cualidades de las cuatro dignidades a tu vida de manera real y directa. Las enseñanzas han dejado de ser teóricas, y en su lugar se basan en una nueva intimidad con tu propia bondad fundamental. Has desarrollado confianza en tu propia sabiduría, a la que permites resplandecer y alcanzar a los demás.

Despliegas una sensación de deleite y humor, incluso frente a importantes obstáculos. Aceptas todo lo que te sale al encuentro como una oportunidad de practicar las enseñanzas. Ahora ya no se trata de filosofía. Se trata de aplicar la comprensión experiencial de tu propia bondad. Se trata de manifestar una presencia auténtica y genuina allá donde vayas. Se trata de ver el mundo como algo sagrado y de apreciar la magia de los momentos ordinarios.

Ya eres un guerrero consumado. Ya eres un dragón. Puedes darte cuenta de ello cuando entras en contacto íntimo con tu propia bondad fundamental. Cuentas en tu interior con las cualidades de las cuatro dignidades, esperando a que salgas de tu confusión y te manifiestas como un guerrero genuino con un corazón de oro.

Eres el líder que necesita este mundo. Tu intención primordial es estar presente en tu mundo, ser compasivo con los demás y convertirte en una fuerza de cambio positivo en el mundo. No hay nada que te lo impida. No hay nadie más que vaya a limpiar tu vida y hacerte feliz. No hay nadie más que pueda ofrecer tu corazón al mundo y experimentar sus cualidades sacras. Solo tú. Tú puedes influir en este mundo, siempre y cuando tengas confianza en tu capacidad innata de amar.

# Notas

## Capítulo 8. Una sociedad basada en un corazón abierto

1. Sakyong Mipham, *Ruling Your World: Ancient Strategies for Modern Life*. Nueva York: Morgan Road Books, 2005; pág. 11.

## Capítulo 11. Cómo aplicar disciplina, incluso cuando la cabeza desconecta

1. Khenpo Tsultrim Gyamtso, trad. Práctica 13 en *The 37 Practices of a Bodhisattva*, de Ngulchu Thogme. San Francisco: Marpa Foundation, 1994.
2. Ibíd., Práctica 14.
3. Ibíd., Práctica 15.

# Recursos

## Lecturas adicionales

Chödrön, Pema. *Confortable with Uncertainty: 108 Teachings on Cultivating Fearlessness and Compassion*. Boston: Shambhala Publications, 2002.

Mipham, Sakyong. *Ruling Your World: Ancient Strategies for Modern Life*. Nueva York: Morgan Road Books, 2005. [Versión en castellano: *Gobierna tu vida: estrategias ancestrales para la vida moderna*. Barcelona: Ediciones Oniro, 2007.]

—. *Turning the Mind Into an Ally*. Nueva York: Riverhead Books, 2003. [Versión en castellano: *Convertir la mente en nuestra aliada*. Bilbao: Editorial Desclée de Brouwer, 2003.]

Mollod, Phineas, y Jason Tesauro. *The Modern Gentleman: A Guide to Essential Manners, Savvy, and Vice*. Berkeley: Ten Speed Press, 2002.

Nichtern, Ethan. *One City: A Declaration of Interdependence*. Somerville, Massachusetts: Wisdom Publications, 2007.

Spiderman, cómics de Marvel.

Thogme, Ngulchu. *The 37 Practices of a Bodhisattva*. San Francisco: The Marpa Foundation, 1994.

Trungpa, Chögyam. *Shambhala: The Sacred Path of the Warrior*. Boston: Shambhala Publications, 1984. [Versión en castellano: *Shambhala: la senda sagrada del guerrero*. Barcelona: Editorial Kairós, 1986.]

## Programas de meditación

El Camino de Shambhala es una exploración en profundidad de las cuatro dignidades de Shambhala y de cómo se relacionan con los tres *yanas*, o vehículos, del budismo tibetano. Es una combinación de retiros de fin de semana (Niveles de Aprendizaje Shambhala) y clases semanales. Muy, pero que muy recomendable.

El Camino de Shambhala lo ofrecen los centros de meditación Shambhala de todo el mundo.

## Internet

www.shambhala.org

www.lodrorinzler.com

editorial **K**airós

Puede recibir información sobre nuestros
libros y colecciones o hacer comentarios
acerca de nuestras temáticas en

**www.editorialkairos.com**

Numancia, 117-121 • 08029 Barcelona • España
tel +34 934 949 490 • info@editorialkairos.com